CACOGRAPHIE

RANGÉE

DANS UN NOUVEL ORDRE.

AUTRES OUVRAGES DU MÊME AUTEUR.

LES PREMIÈRES NOTIONS DE LA GRAMMAIRE FRANÇOISE, ou Exercices sur les parties du Discours, ouvrage utile à tous les élèves qui commencent à écrire, et qui sont en état de copier. Un fr. 50 cent., et 2 fr. franc de port.

GRAMMAIRE FRANÇOISE ÉLÉMENTAIRE, ouvrage à la portée de toutes les personnes qui n'ont aucune notion des principes de cette langue; cinquième édition. Prix : 1 fr. 50 c., et 2 fr. 10 cent. franc de port.

TRAITÉ DE LA CONJUGAISON DES VERBES, ouvrage qui peut servir de supplément à la plupart des Grammaires élémentaires qui ont paru jusqu'à ce jour; septième édition. Prix : 1 fr. 25 cent., et 1 fr. 50 cent. franc de port.

TRAITÉ DES PARTICIPES, onzième édition. Prix : 1 fr. 25 cent., et 1 fr. 60 cent. franc de port.

CONCORDANCE DES TEMPS DES VERBES, et particulièrement des Temps du Subjonctif; sixième édition. Même prix que la Conjugaison.

TRAITÉ DE LA PONCTUATION, contenant plus de quatre cents exemples divisés en douze chapitres; cinquième édition. Même prix.

CORRIGÉ DE LA CACOGRAPHIE. Même prix.

VOCABULAIRE DES HOMONYMES FRANÇOIS, 2 fr. 50 cent., et 3 fr. 25 cent. franc de port.

ÉLÉMENTS D'ARITHMÉTIQUE, ouvrage divisé en six parties, dans l'ordre suivant. *Calcul des nombres entiers*, *Calcul des Fractions*, *Calcul des nombres complexes*, *Calcul des Fractions décimales*, *Proportions*, *Solutions de plusieurs problèmes*. Un vol. in-8°. Prix : 3 fr. et 3 fr. 75 cent. franc de port.

CACOGRAPHIE

RANGÉE

DANS UN NOUVEL ORDRE,

OU

EXERCICES

SUR L'ORTHOGRAPHE, LA SYNTAXE ET LA PONCTUATION;

PAR E. A. LEQUIEN,

AUTEUR DU TRAITÉ DES PARTICIPES ET DE PLUSIEURS AUTRES OUVRAGES DE GRAMMAIRE.

TROISIÈME ÉDITION.

Prix : 1 fr. 25 cent.

A PARIS,

CHEZ L'AUTEUR, RUE DES NOYERS, N.° 45,

PRÈS DE LA RUE SAINT-JACQUES.

M D CCC XXIII.

PRÉFACE

DE LA PREMIÈRE ÉDITION.

Cette méthode de donner aux élèves des phrases vicieuses à corriger, pour les exercer à l'orthographe et à la syntaxe, est connue depuis longtemps; mais c'est M. Boinvilliers qui, le premier, a donné un ouvrage de ce genre sous le titre de *Cacographie*, mot composé de deux mots grecs qui signifient *mauvaise écriture*. Malheureusement M. Boinvilliers a inséré dans son ouvrage plusieurs phrases qu'on est étonné de trouver dans un livre destiné à l'instruction de la jeunesse. Une nouvelle Cacographie a été donnée par M. C. C Letellier. Cet ouvrage n'a pas le défaut qu'on reproche à celui de M. Boinvilliers; mais on trouve généralement que les difficultés n'y sont pas assez graduées : il est vrai que presque toutes les difficultés de la grammaire se trouvent réunies dans les trois ou quatre premières pages.

Un autre reproche, mais moins fondé, que l'on fait à ces deux ouvrages, c'est la grande quantité de fautes grossières que l'on y trouve, et que l'on pense que personne ne peut jamais faire. M. Boinvilliers, pour se justifier de ce reproche, cite, à la fin de sa Cacographie, quelques lettres qui prouvent qu'on peut faire des fautes plus grossières que celles qu'il a faites à dessein dans són ouvrage. Beaucoup de personnes, à la vérité, doutent que ces lettres soient conformes aux originaux; et j'avoue que j'ai partagé cette opinion pendant quelque temps. Mais je vais en citer avec la plus grande exactitude quelques unes que j'ai entre les mains, pour prouver que M. Boinvilliers peut avoir trouvé ces lettres telles qu'il les a rapportées dans sa Cacographie. Les lettres que je vais rapporter sont la plupart de personnes qui, par leur état, sont censées connoître au moins les premiers principes de leur langue.

1. *Lettre d'une Demoiselle.*

Mmsl G... abien lonheur de pré sen té ses res pec amon sieur et madame L... et les prie de vous lois bien mon té ala chan bre pour qe la person que jen vois maporte Ce qui reste je vous prie, aussi davoir la bonte de dir monadrese a etc.

2. *Lettre d'un jeune homme de dix-sept ans qui vient d'achever ses études à Paris.*

Maman ma chargé de vous demander si vous vouliez bien avoir la bonté de passer chez elle lors que vous aurez un moment avous pour être plus sûre de la trouver il faudroit que vous passiez dans la matiné sur les dix ou houze heures l'adresse est rue etc.

3. *Lettre d'un Libraire.*

M. D. Jevous renvoies votre facteur pour que vous la verifiee car jenest trouvée que 55 vol il y menque le œuvres de Crebillon ensi vous lais donnere au conducteur an se fesant vous obligere votre serviture

4. *Lettre d'une Dame.*

Mons fils ayent étée obligée de partire a été privez de vous souhaité le bonjours ille nous e Con pour le peti restan de compte vous savez ce quile y a ille ne me la marque vous pouvé le remetre a son frere porteur de la letre ille vous asure biens ces respect ille espere avoire besoins de vos bones le Con la né prochaine.

5. *Lettre d'une Dame qui étoit alors maîtresse de pension à Paris.*

Monsieur, vous m'acusé sendoute de négligence, ou de movaise volonté ce n'est ni l'un ni l'autre. d puis que je ne vous ai vu jé été accablé de nouveaux malheurs ce qui m'a mi dans l'in posibilité de m'aquiter En ver vous, et ce la m'est encore inposible dans ce moment. Je vas prendre dans votre cartier un nouvelle établissement qui j'espere me metera a même plus tard de vous prouvé que je n'é point de movaise volontée. Sitôt que le temps sera un peu moin mauvai j'aurai l'honneur d'aller vous voir.

Je suie En attendant etc.

Dite pour moi je vous pris mille choses honnéte a Madame Vôtre épouse.

6. *Lettre d'un Instituteur.*

J'ai vu Dimanche dernier le 20 du present mois de vos ouvrages qui m'on paru très bien faite Je Desirerois bien en avoir J'ai vous prie de m'en voyer les ouvrages que je va vous détailhé Je vous en voye en même temps l'argent parce que j'ai vu les prix à Vant l'intitulé du traité des participes et port franc pour tous les ouvrages cy a près détailhé....... Je vous En voye la ditte somme etc..... si il y a En core quel que ouvrages qui soit a la porté de l'instruction des enfans Je vous prie de me le faire savoir.

7. *Lettre d'un Libraire.*

Je vous fait passé le montant de votre premier facteur, vous y verais, que lerreur ne viens pas de moy, que je nais fait que de copier votre montant, sans l'aditionné, vous trouvé dite vous monsieur des difficulté pour négociés vous êffet sur notre ville je vous ôffie de vous payés au Complant, franc de port à 7 pour Cens de remisse ou à 6 avec le port, Car l'on me prend 1, pour Cens pour le port. Le tous a votre Choix jattend votre Réponse pour vous envoyez un êffet de votre dernier facteur, ou le montant en argens.

Jais lhonneur de vous salué.

8. *Lettre d'un Libraire.*

Je vous Ecrit la presante pour vous demandè le livre suivant la note en papier ordinaire que vous Me le expediree pour le toulier a bureau restant a R....., le autre foi vous le remetre chez L .... ou chez B......., Mais comme je ne pas besoin dautre chose pour le moment je vous prie de me les expedie vous Meme en tirant le remboursement du Montant de la facture sur la lettre de voiture vous faire un ballot que vous remetere chez Monsieur B..... comissionaire rue........ se, chez lui que je fait remetre tout les envoi que lon me fait e qu'il as le plus docasion pour R........ en recevant le ballot je payere le Montant de la facture vous Me E'crire une lettre davis a poste restant a A. ...... e le ballot a bureau restant a R.....

Suit la note des livres, dans laquelle on lit :

Seicles de lovis 14.
Essai sur les Meurs.
Ouvre diverse de la fontaine.
Ouvre complette de Montesquieu.

9. *Lettre d'un militaire élevé à Paris.*

Mon chere pere je vous écrit pour savoir de vos nouvelles, et de toutes la famille, j'ai Et Crit a Mon frere il y à plus de trois mois et je n'ai point Recus de Réponçe j'enygnore la cauçe. Il est vrais que je lui de mandais de l'argant C'est peut-être la Raison qui l'oblige au silense pour tant je crois N'a Voir jamais été importun a cet egard C'est la Grande Neseçitée ou je me trouvais dans Ce moment qui m'i a forcé Car vous n'ygnorez pas que j'etais sans linge Le peut que javais M'a été pris a Vec mon porttemeanteaux je suis resté nu on ne donnais point d'argant alors jetais malheureux. Je le suis plus encore depuis onzans que je sert Voilà la premiere fois que j'entre dans un hopital. Mais je soufrais Trop. Il a falut passer par la, ma maladie est un depot d'humeure qui me tint tout le Col enfin je soufre beaucoup Voilà le Cinquiemme jour que j'y suis.... S'il étois possible d'y goindre un peut dargant Ce la me ferais Grand plaisir dans letat ou je suis je ferais tous mon possible pour le renbourser adresser le tout a la personne Ci decus.

Adieux mon chere pere je vous embrasse de tout mon cœur et vous souette une bonne et longue sentée in si qu'a toutte la famille. Votre respecteux fils etc.

10. *Lettre de M. de*** à M. le comte de****

Général et coussin

J'ai aprie avecvive joie par vôtre frere que vous jouissiez dune Bonne santé, la Reçetes de vos nouvelles onte faite plaissire a nos collonnies.

Votre frere et L..... mon assuré que vous vous douniez la peine de me faire paye de mais lestre de change d'apointements.

Je suis péné des peine dézagréable que cella vous donne je vous prie dans tiré se que vous pourré que cella ne vous donne pas de dificulte dans votre service qui est essensielle a la patrie.

Vous manveré se que vous zoné pû en tiré, par lavoie que mon coussin votre frere qui vous Ecrit a se sujet, Tranché sur toutes les difficulte, je m'en raporte à votre intelligence vous me Rendré service dont je noubliré pas dans ma petite situation.

Nous avons Reçû plussieur coup de vents, lénemis étant sur nos cottes Empeche le cabotage des Illes voissines pour avoire des vivre domestique dont nous somme a cour.

Mais Respects a ma' cousiue votre Epouse a vos énfans' Je vous souhaitte une Bonne santé qui sera toujour respectable a notre patric.

Voyez aussi, page 57 de cet ouvrage, une fable en prose, que je rapporte exactement telle qu'elle a été écrite sous ma dictée par un jeune homme de quinze ans, qui venoit de recevoir un prix d'orthographe dans une pension de Paris; et page 66, un morceau de Télémaque, écrit sous ma dictée par un employé obligé de rédiger tous les jours des procès-verbaux. Je ne crois pas qu'on puisse desirer plus mauvais pour faire une Cacographie.

Cette nouvelle Cacographie ne diffère des deux autres que dans la manière dont j'ai classé les morceaux à corriger. Elle est divisée en cinq chapitres. Dans le premier, les mots à corriger sont en caractère italique, parceque j'ai remarqué que l'élève connoissant le mot qui est mal orthographié, est presque sûr de le corriger. Dans le second, j'indique seulement devant chaque ligne combien il y a de fautes à corriger dans la ligne; comme dans celle-ci, qui appartient à la page 34,

7. Indépandament de ses espesses qu'il c'est asujetti,

où l'élève doit trouver les sept fautes indiquées, qui sont,

IndépEndamMent de Ces espèCes qu'il S'est asSujettiES.
1 2 3 4 5 6 7

Dans le troisième chapitre, les fautes à corriger ne sont indiquées par aucun signe; et c'est là que cet ouvrage ne diffère nullement des deux autres. Le quatrième est consacré à des exercices sur l'accord des adjectifs, des verbes, des participes, et sur quelques locutions qui demandent une attention particulière. Enfin le cinquième chapitre ne contient que des exercices sur la ponctuation, partie généralement très négligée par ceux qui apprennent et par ceux qui enseignent.

Je ne crois pas qu'il y ait beaucoup de gloire à acquérir en faisant un pareil ouvrage ; mais encore peut-on le faire plus ou moins bien; et puisqu'on en a reconnu l'utilité, il me semble que l'essentiel est de le mettre le plus possible à la portée de ceux qui s'en servent.

REMARQUE.

Quoique tous les mots du premier Chapitre imprimés en italique doivent être mal orthographiés, quelques uns se trouvent bien. Par exemple, page 8, ligne 10, le mot *laquelle*; ligne dernière, le mot *toutes*: page 23, ligne 3, le mot *orgueil*.

On trouvera peut-être aussi trois ou quatre lignes du Chapitre II qui ne contiennent pas le nombre de fautes indiqué par le chiffre placé devant chaque ligne.

CACOGRAPHIE

RANGÉE DANS UN NOUVEL ORDRE.

CHAPITRE PREMIER,

Dans lequel tous les mots à corriger sont en caractère italique.

I.

Un *coque trouvat* par *azart* une perle en *gratant* dans un *fumié*; il *l'a regetta*, et dit : Un *lapidère renderoit grasse au* dieux d'une *tel* fortune; mais une perle me *conviens* si *peut*, que je *mestimeroit baucoup* plus *heureu* d'avoir trouvé un *grin* d'orge.

II.

Un chien *traverssoit* une *rivierre a* la *naje*, tenant un *morsau* de *chaire* dans sa *geule*. il en vit l'*hombre* dans l'*au*, et *cru* que *s'étoit quelques* nouvelle *proit*. Aussitôt il *lachat* la *siène*. et *s'élensa ver* ce rien qui lui *s'embloit* être un *mais esquit*. *Maleureux* que je suis! *sécrioit*-il en *regrètant se* qui lui étoit *échaper ;* pour n'avoir *sut men* tenir *a* ce que *j'avoit*, j'ai *tous* perdu.

III.

Les *anées*, en *ce renouvellant*, ne *fond* que *mètre* un *seau a* mon *amitiée*. Je *nai* rien *a* vous *souaité*, parceque vous *avés* tout; je n'ai point de *conplimants a* vous *adressé*, parceque vous *éte audesu* des éloges.

IV.

MADAME DE SÉVIGNÉ A SA FILLE.

Vous me *dite* la plus *tandre chause* du monde en *souaitant* de ne pas voir la fin des heureuses *annés* que vous me *souaitées :* nous *somme* bien *loins* de nous *rancontrées* dans nos *souaits ;* car je vous ai *mendée* une *véritée* qui est bien juste et bien *a* sa *plasse*, et que Dieu, *sendoute*, *voudera* bien *exhausser*, qui est de suivre l'ordre tout *naturelle* de sa divine *providanse*. *S'est* ce qui me *consolle* de *tous* le *chèmain laborieu* de la *vielliesse*. Ce sentiment est *résonnable ;* et le *votre*, trop extraordinaire, trop *émable*.

V.

J'avois *aquit* des droits sur ton cœur ; tu m'*étoit nessésaire*, et j'étois prêt *a* t'*alé jouindre*. Que l'*inportes* mes droits, mes besoins, mon *enpressement?* Je suis oublié de toi ; tu ne *dègne* plus *mécrire*. J'*apprend* ta vie *solitère* et farouche ; je *pénaitre* tes *dessins*. Tu t'*ennuis* de vivre, *meurt* donc, jeune *incensé* ; *meurt*, homme *a* la *foi férosse* et lâche ; mais *saches* en mourant que tu *laisse* dans l'ame d'un *honéte* homme *a* qui tu *fut chère* la *douleure* de n'avoir *servit* qu'un *ingra*.

VI.

MADAME DE SÉVIGNÉ A SA FILLE.

Il me *s'emble*, ma *cher* enfant, que j'ai *étée trênée* malgré moi *a se* point *fatale ou* il faut *soufrir* la *viellesse* : je la *voit*, *mi* voilà, et je *vouderois* bien *aumoin* ne pas *allé* plus loin, et ne point *avancé* dans ce *chemain* des *infirmitées*, des *douleures*, des pertes de mémoire, des *deffigurements* qui sont *prêts* de m'*outragés*. Mais j'*entens* une *voie* qui dit : Il faut *marché malgrés* vous ; *où* bien, si vous ne *voulés* pas, il faut *mourrir*, qui est une autre *extrémitée a qu'oi* la nature répugne. Voilà *pour tant* le *sor* de *tous* ce qui *avense* un *peut* trop : mais un retour *a* la *volontée* de Dieu, et *a* cette *loix universel* qui nous est *imposé*, *remait* la raison à sa *plasse*, et fait *prandre passiance*. Prenez *là* donç, ma très *cher*, et que *vôtre amitiée* trop *tandre* ne vous *face* point *jetter* des larmes que votre raison doit *condannée.*

VII.

Les Romains (1) ont *avoués* que la *vertue* militaire c'étoit *étinte* parmi eux *a* mesure qu'ils *avoit commancés a* se *connêtre* en *tableau*, en *gravure*, en *vase* d'*orféverie*, et *a cultivé* les *baux*-arts; et, comme si cette *contré* fameuse étoit *destiné a servire* d'*example* aux *autre* peuples, l'*ellévation* des Médicis et le rétablissement des lettres *on faits tombé de rechef*, et *peut être* pour *toujour*, cette réputation *guérière* que l'Italie sembloit avoir *recouvré* il y *à quel que sciècle.*

VIII.

Une aigle avoit fait *sont nit* sur un *chaîne*. Au *pié* de *cette harbre*, un renard *nourisoit ces* petits, et *tout* deux *sembloit s'entraimés*. Un jour que le *dernié* étoit allé *cherché* pâture, l'aigle fondit *tout a cou* sur les petits du renard, les *enlevat*, et en fit *curé a* ses *églons*. L'autre, de retour, *reconnu* la *perfidi* de sa voisine, et en *fût* outré; mais comme il ne pouvoit *atindre* son *énemie*, *tous* ce qu'il *pu* faire *alor se fût* de *remètre au* dieux le soin de sa *vangence*. Ils ne

---

(1) Les noms propres seront toujours écrits correctement.

laissairent pas *lontemps* cette *méchansetée impuni*; car *quelque* jours *à près*, l'aigle, qui avoit *remarquer* que des laboureurs *sacrifioit* une chèvre sur l'*hôtel* de leur dieu, *veint* en enlever un *morçau ou quelque* charbons en *feux c'étoit attaché*,. et les *emportat* dans son *nit*. Comme il n'étoit fait que de paille et d'*autre* matières combustibles, il *s'embrasat dabort*, et les aiglons *tombairent a* terre. Alors le *renart*, qui se tenoit *aux piés* du *chaîne*, se *jetta* sur eux, et rendit la *pareil* à l'aigle, en les *crocants* tous *lun à près* l'autre.

IX.

Charles-Simon Favart *n'aquit a* Paris le *trèze novenbre mille* sept *cents* dix. Son père étoit *patissié* : grand amateur de l'opéra-*commique*, il faisoit des *couplaits* avec *facillitée*. *S'est* à lui qu'on doit l'*invansion* des *échodés* : lui-même il *sélébra* sa découverte dans une chanson qui *na* pas *étée ausi* heureuse que le *suget*, car elle ne nous est pas *parvenu*. Le jeune Favart *apris* l'état de son père; *se* qui n'*empéchât* pas qu'on ne lui *fit* faire *ces* études. Comme *sont* père, il faisoit alternativement, *où* tout *a la foi*, des petits *patées* et des *coupelets*. Du couplet il *s'elleva* bientôt *a* l'opéra-*commique*: il donna au *téâtre* de la Foire plus de *vingts* pièces avant la Chercheuse d'esprit, la première qu'il *est* avouée et fait *imprimée.*

X.

Les *cerpents parroisent privé* de tout *moyens* de *ce mouvoirs*, et uniquement *destiné a* vivre sur la place *ou* le *hazar* les *fais naîtres. Peut d'animeaux cepandant on* les mouvements *ausi pront*, et *ce transporte* avec autant de vitesse que le *cerpent;* il *égal* presque, par sa *rapiditée,* une flèche *tiré* par un *bra* vigoureux, *l'orsqu'il sélence* sur sa *proit, où* qu'il *fui* devant son *énemi: chaqu'une* de *ces* parties devient *alor* comme un *resor* qui se *débende* avec *violance;* il *s'emble* ne toucher *a* la terre que pour en *rejaïr;* et, pour *insi* dire, *sencesse* repoussé par les *cors* sur *lesqu'elles* il *s'apuit*, on diroit qu'il nage au *millieu* de l'*aire* en rasant la *surfasse* du *terrin* qu'il *parcoure.* S'il veut *s'ellever encor d'avantage,* il le dispute *a plusieures* espèces d'*oisaux*, par la *facilitée* avec *la qu'elle* il parvient *jusqu'au* plus haut des *harbre, au tour des quels* il roule et déroule son *corp* avec tant de *prontitude*, que l'*œuil* a de la peine *a* le suivre: *souvant* même, lorsqu'il ne *chenge* pas *encor* de place, mais qu'il est prêt *a sélencé*, et qu'il est *ajitté* par *quelle qu'affections vives*, il *n'apuit* contre terre que sa *queu*, qu'il *repli* en contours *cinueux;* il redresse avec *fièreté* sa tête; il *relaive* avec vitesse le *devent* de son *corp;* et, le retenant dans une *atitude* droite et *perpandiculaire*, bien loin de *parroître* uniquement destiné à *remper,* il offre l'image de la force, du *courrage*, et d'une sorte d'*empir*.

XI.

Tant que les hommes *ce contantèrent* de *leur cabannes* rustiques, tant qu'ils *ce* bornèrent *a coudrent* leurs *abits* de *paux* avec des épines *où* des *arrêtes*, *a* se *paré* de plumes et de *coquiliages*, à se *pindre* le *corp* de *divers couleures*, *a perfectioner* ou *embélir* leurs *arques* et leurs flèches, *a taillier* avec des pierres *tranchante quelque canaux* de pêcheurs ou *quelque grossiés* instruments de musique; en un mot, tant qu'ils ne *sapliquèrent* qu'*a* des ouvrages qu'un seul pouvoit faire et qu'*a* des arts qui n'*avoit* pas *besoins* du *concourt* de *plusieures* mains, ils *vaicurent* libres, *seins*, bons, et heureux, *au tant* qu'ils *pouvoit* l'être par leur nature, et continuèrent *a jouirent* des *douceures* d'un *comerse indépandant*: mais *des* l'instant qu'un homme *eût* besoin du *secour* d'un autre, *des* qu'on *sappersut* qu'il étoit *util a* un *seule* d'avoir des provisions pour deux, l'*égalitée disparue*, la *propriétée s'introduisie*, le *travaille deveint nessécaire*, et les vastes forêts *ce changairent* en des campagnes riantes qu'il *falût aroser* de la *sueure* des hommes, et dans *les quels* on vit bientôt *lesclavage* et la misère *germèrent* et *croîtrent* avec les moissons.

XII.

A l'*égare* des maladies, je ne *répetterai* point les *veines* et *fosses* déclamations que font contre la *médesine* la *plus part* des gens en *sentée ;* mais je demanderai s'il y a *quelle qu'observations* de *laquelle* on puisse conclure que, dans les *païs ou cette* art est le plus négligé, la vie *moyène* de l'homme *soie* plus courte que dans ceux *ou* il est cultivé avec le plus de soin. Et comment *ce la pouroit*-il être, si nous nous donnons plus de *meaux* que la *médesine* ne peut nous *fournire* de remèdes? L'extrême *innégalitée* dans la manière de vivre, l'*exès* d'*oisivetée* dans les *un*, l'*exès* de *travaille* dans les autres, la *facilitée* d'*iriter* et de satisfaire nos *apétis* et notre *censualité*, les aliments trop recherchés des riches, qui les *nourisse* de sucs *échoffant* et les *acables* d'*indigétions*, la mauvaise *nouriture* des *peauvres*, dont ils manquent même le plus *souvant*, et dont le *défaux* les *portent a surchargé* avidement leur *estomat* dans l'*ocasion*, les veilles, les *exès* de toute *espèces*, les transports immodérés de *toutes* les passions, les fatigues et l'épuisement d'esprit, les *chagrains* et les peines sans *nombres* qu'on *éprouvent* dans *tout* les états, et dont les ames sont perpétuellement *rongés : voila* les funestes *garands* que la *plus pat t* de nos *meaux* sont *nôtre* propie ouvrage, et que nous les aurions presque tous *évité* en *concervant* la manière de vivre simple, uniforme, et *solitère*, qui nous *étoient prescritte* par la nature.

XIII.

La terre, *abandoné* à sa *fertilitée naturel*, et couverte de forêts *immences* que la *cogné* ne *mutilat* jamais, offre *a chaques* pas des *magazins* et des retraites aux *animeaux* de *tout espèces*. Les hommes, *dispercés* parmi eux, *observes*, *imites* leur industrie, et s'*ellèvent insi jusqua l'instint* des bêtes; avec *celle aventage* que chaque *espesse* n'a que le sien propre, et que l'homme n'en *n'*ayant *peut être auqu'un* qui lui *apartiène*, se les *approprient* tous, se *nourit égallement* de la *plus parts* des aliments divers que les autres *animeaux* *ce* partagent, et *trouvent parconséquant* sa subsistance plus *ésément* que ne *peux* faire *auqu'un* d'eux.

Acoutumé des l'*enfanse* aux *intenpairies* de l'*aire* et à la *rigeur* des saisons, *exercé* à la fatigue, et *forcé* de *deffendre nud* et sans armes leur vie et leur *proix* contre les autres bêtes *férosses*, ou de *leurs échaper a* la *cource*, les hommes se forment un *tempéramment* robuste et presque *innaltérable ;* les enfants, *aportant* au monde l'*exelante* constitution de leurs pères, et la fortifiant par les mêmes *exercisses* qui l'*on produites*, *acquèrent insi* toute la *vigeur* dont l'espèce humaine est capable. La nature en use avec eux comme la *loix* de Sparte avec les enfants des *cytoyens :* elle rend *fort* et *robuste* ceux qui sont bien *constitué*, et fait *périre tout* les autres.

XIV.

Tu *est* le *suget* de *toute* les *conversasions* d'Ispahan ; on ne parle que de ton *départ*. Les *un* l'*atribut* à une *légerté* d'esprit ; les autres, à quelque *chagrain :* tes amis *seul* te *deffendes*, et ils ne *persuade* personne. On ne *peux* comprendre que tu *puisse quiter* tes *fames*, tes parents, tes amis, ta patrie, pour *aler* dans des *climas inconus* aux Persans. La mère de Rica est *inconsollable ;* elle te *demandes* son fils, que tu lui *a*, *di-t-elle*, enlevé. Pour moi, mon *chère* Usbek, je me *sents* naturellement porté *a aprouvé* tout *se* que tu *faits :* mais je ne saurois te *pardoné* ton *abcense ;* et *quelles que* raisons que tu *men puisse* donner, mon cœur ne les *goutteras* jamais. *Adieux*. *Aimes*-moi *toujour*.

XV.

Ta lettre *ma étée* rendue à Erzeron, *ou* je

suis. Je *métois* bien douté que mon *dépar* feroit du *brui*; je ne *men* suis pas mis en peine. Que *veut* tu que je suive? La *prudanse* de mes *énemis*, ou la *miène*?

Je parus *a* la *coure des* ma plus tendre jeunesse : je le puis dire, mon cœur ne *si corompit* point; je *formé* même un grand *dessin*, *j'osé* y être *vertueu*. *Des* que je connus le vice, je *men éloigné*; mais je *men aproché* ensuite pour le *démasqué*. Je *porté* la *véritée* jusqu'*aux pieds* du trône, *ji parlé* un langage jusqu'*à lors inconu*; je *déconserté* la *flaterie*, et *j'étonné* en même *tant* les adorateurs et l'*idol*.

Mais *quant* je vis que ma *cinsérité* m'*avois fais* des *énemis*; que je m'étois *atiré* la jalousie des ministres sans avoir la *faveure* du prince; que, dans une *coure corompu*, je ne me soutenois plus que par une *feible vertue*; je *résolu* de *l'a quitée*. Je *fégnis* un grand *atachement* pour les *siences*; et *a* force de le *findre*, il me *veint* réellement. Je ne me *mellai* plus d'aucunes affaires, et je me *retirrai* dans une maison de campagne. Mais ce *partie* même avoit *ces* inconvénients. Je restois *expausé* à la *malisse* de mes *énemis*, et je m'*étoit* presque *auté* les moyens de *men garantire*. *Quelsques* avis secrets me firent *panser a* moi sérieusement : je *résolu* de m'*exiller* de ma patrie; et ma *retrète* même de la *coure men* fournit un *prétexe plosible*. *J'alai* au roi; je lui marquai l'*envi* que j'avois de m'instruire dans les *siences* de l'occident; je lui *incinuai* qu'il *pouroit* tirer de l'*utilitée* de mes voyages. Je trouvai *grasse* devant ses *ieux :* je *parti*, et je dérobai une victime *a* mes *énemis*.

Voilà, Rustan, le véritable *motife* de mon voyage. *Laisses* parler Ispahan; ne me *deffend* que devant ceux qui m'*aime*. *Laisses* à mes *énemis* leurs interprétations *malines*; je suis trop heureux que *se soie* le *seule* mal qu'ils me *puisse* faire.

On parle de moi *aprésent : peut être* ne *seraije* que trop oublié, et que mes amis.... Non, Rustan, je ne *veut* point me livrer *a* cette *pansé :* je *leurs* serai *toujour chère ;* je *conte* sur leur *fidellité* comme sur la tienne.

XVI.

Nous sommes *aprésent* à Paris, cette superbe *rival* de la *vile* du Soleil.

Lors que je *parti* de Smyrne, je *chargai* mon ami Ibben de te faire tenir une *boitte ou* il y avoit *quels que* présents pour toi : tu *receveras* cette lettre par la même *voix*. *Quoi qu*'éloigné de lui de cinq ou six *cent lieux*, je lui donne de mes nouvelles et je *resois* des siennes *ausi facilement* que *sil* étoit *a* Ispahan et moi à Com. J'*envois* mes lettres à Marseille, d'*ou* il *pare continuelment* des *vessaux* pour Smyrne : *delà* il *envoit* celles qui sont pour la Perse par les *caravannes* d'Arméniens qui partent *tout* les jours pour Ispahan.

Rica *joui* d'une *sentée parfaitte* ; la force de sa constitution, sa jeunesse, et sa *gaitée naturel*, le *mette audesus* de *toute* les épreuves.

Mais pour moi, je ne me porte pas bien ; mon *corp* et mon esprit sont *abatu* ; je me livre à des *réflections* qui deviennent *tout* les jours plus *triste* ; ma *sentée*, qui *s'aféblit*, me tourne *ver* ma patrie, et me *rends* ce pays-ci plus *étrangé*.

Mais, cher Nessir, je te conjure, *faits ensorte* que mes femmes *ignore* l'état *ou* je suis. Si elles m'aiment je veux *épargné leur* larmes ; et si elles ne m'aiment pas, je ne veux point *ogmenté* leur *ardiesse*.

Si mes *unuques* me *croyoit* en *dangé*, *sils* pouvoient *espéré* l'*inpunitée* d'une lâche *conplaisance*, ils *sesseroient* bientôt d'être *sourts* à la *voie flateuse* de ce *sexce* qui *ce* fait entendre *au rochés* et *remu* les choses *innanimés*.

XVII.

Quoi que les *neigres ayent* peu d'esprit, ils ne laissent pas d'avoir *baucoup* de sentiment ; ils sont *gaies* ou mélancoliques, *laborrieux* ou *fénéants*, amis ou *énemis*, *celon* la manière dont on les *traitent*. *Lors qu'on* les *nouris* bien et qu'on ne les *maltraitent* pas, ils sont *contants*, joyeux, *près* à tout faire, et la satisfaction de leur ame est *pinte* sur leur visage; mais quand on les *traitent mals*, ils *prènent* le *chagrain* fort *a* cœur, et périssent *quelques fois* de mélancolie. Ils sont donc *forts* sensibles aux *biens faits* et aux outrages, et ils portent une *hêne mortel* contre ceux qui les ont *maltraité. L'orsqu'*au contraire ils *s'afectionent* à un *mêtre*, il *ni* a rien qu'ils ne fussent *capable* de faire pour lui *marqué leurs* zèle et leur *dévoument*. Ils sont naturellement compatissants, et *mêmes* tendres pour leurs enfants, pour leurs amis, pour leurs *conpatriottes*; ils partagent *volontié* le *peut* qu'ils ont avec ceux qu'ils *voyent* dans le besoin, sans même les *connoîtres* autrement que par leur *indigeance*. Ils ont donc, comme *lon* voit, le cœur *exellant*; ils ont le *jerme* de *toute* les *vertues*. Je ne puis écrire leur *istoire s'en m'atendrir* sur leur état : ne sont-ils pas *assés maleureux* d'être *réduit a* la *cervitude*, d'être *obligé* de *toujour travaillier sens* pouvoir jamais rien *aquérir*? Faut-il *encor* les *exéder*, les *fraper*, et les traiter comme des *animeaux*? *L'umanité* se révolte contre *ses* traitements *audieux* que l'*aviditée* du *guain* a mis en usage, et *quelle renouveleroit peut être tout* les jours si nos lois n'avoient pas mis un *frain* à la *brutalitée* des *mêtres*. et *resèré* les limites de la *miserre* de leurs *exclaves*. On les *forcent* de *travaille*, on leur *épargnent* la *nouriture*, même la plus *comune*. Ils suppoitent, *di-t-on*, très *ésément* la *fain :* pour vivre trois jours, il ne *leurs fauts* que la portion d'un Européen pour un *repa ; quel que* peu qu'ils mangent et qu'ils dorment, ils sont *toujour égallement dures*, *égallemant* forts au *travaille.* Comment des hommes *a* qui *ils restent* quelque sentiment d'*umanitée* peuvent-ils adopter *ses* maximes, en faire un *préjuger*, et chercher *a* légitimer par *ses* raisons les *exès* que la *soife* de l'or *leurs faits cometire ?*

XVIII.

DES MOMIES.

Les momies dont il est ici question sont des *cors embeaumés :* on donne particulièrement *se* nom *a* ceux qui ont été *tiré* des *tombaux* des Égyptiens; mais on a *ettendu* plus *loing* la signification de ce mot, en *appellant ausi* du nom de momie les cadavres qui ont *étés déséchié* dans les sables *brulant* de l'Afrique et de l'Asie. A proprement *parlé*, on ne *deveroit donné se* nom qu'*au cors embeaumés*, et *peut être* faudroit-il de plus qu'ils *ussent étés* conservés dans *cette* état pendant un *long-temps* pour être *insi nommé ;* car je ne crois pas qu'on puisse dire que les *cors* qui ont été *embeaumé* en Europe dans le *sciècle* présent *soit* des momies ; *quant* même ils auroient été *insi conservé de puis plusieur sciècles* partout *alieur* qu'en Égypte, *peut être y auroient-ils* des gens qui *ésiteroient* à les *reconnoîtres* pour des momies, *par ce qu'*on n'en *n'*a presque jamais *eut* qui ne soient *venu* de l'Égypte, et *par ce qu'*on *pouroit* croire que la bonne composition des momies, c'est-à-dire la *mélieur fason* d'*embeaumé* les *cors*, n'auroit *étée* bien connue que par les Égyptiens. Il est *vraie* que *cette* usage a été *générale* dans cette nation, *tout* les morts y étoient *embeaumés*; et les Égyptiens *savoit s'y* bien faire les *embeaumements*, que *lon* trouve dans leurs *tombaux* des corps qui ont *étés* conservés *de puis* plus de deux *milles* ans. *Ses* faits *prouves seullement* que les momies de l'Égypte *pouvoit* être *mélieures* que *celle* des autres *païs*, soit pour leur *duré*, soit pour les *propriétées* que l'on *voudroient* leur *atribués*; mais au *font tout* les corps *embeaumés de puis lontemps* sont de *vrai* momies, *quelques soit* les pays *ou* ils se trouvent, et *quelque* soit la composition de l'*embeaumement*.

XIX.

LETTRE DE MADAME DE MAINTENON.

Imaginez-vous, madame, qu'*hyer*, après avoir *marcher* six *heurs* dans un *assés bau chemain*, nous *vime* un *chatau bâtit* sur un *roque* qui ne nous *paru* pas fort *logable*, *qu'en* même on nous y *auroient guidé*. Nous *aprochame* sans *trouvé* de *chemain* pour aborder : nous *vimes* enfin *aux pieds* de ce *chatau*, dans un abîme, et comme dans un *puit* fort profond, les *tois* de *nombres* de petites maisons qui nous parurent des *poupés environés* de *tout* côtés de *rochés afreux* par leur hauteur; ils paroissent de*fert*, et sont tout-*a* fait *escarpé*. Il *falut dessendre* dans cette *horible abitation* par un chemin non moins *horible*. Les *carosses faisoit* des *sots* à rompre *tout* les *resors*; les dames *ce* prenoient à *tous* ce qu'elles *pouvoit atrappées*. Nous *dessendimes* après un *quar-d'heur* d'*effroit*, et nous tombâmes dans une *vile composé* d'une rue qui *sapelle* la grande, quoique deux *carosses ni* puissent passer de *frond*. En *plain* midi on *y* voit *goute*; les maisons sont effroyables; l'eau y est *movaise*, et le vin rare, les *baulangés* ont ordre de ne *cuir* que pour *l'armé*, et de *l'aisser* mourir de *fain* tout le reste : on porte tout au *can*. Il y pleut *a verce de puis* que nous y sommes. Je n'ai *encor vue* que deux églises; *elle* sont au premier étage, et *lon y* sauroit entrer que par *sivilitée*. On nous dit un *salue* avec une si *movaise* musique, et un *ensens* si parfumé, si abondant, et si *continuelle*, que nous ne nous *vime* plus les *un* les autres. Je ne vous *dit* rien de la *salletée* des rues; mais en vérité le roi *à* grand *tord* de prendre de *pareille* villes.

XX.

LE CALME AU MILIEU DE L'OCÉAN.

Dix fois le soleil fit son tour sans que le *vant fut apésé.* Il tombe *en fin*, et bientôt après un calme *profont* lui succède. Les ondes, *violament émus*, se *balansent lontemps encor* après que le *vant* a *sessé*. Mais *insenciblement* leurs *sillions* s'*applanissent*; et sur une mer *immobille*, le *navir*, comme enchaîné, cherche *innutilement* dans les airs un *soufle* qui l'ébranle; la *voille*, cent fois *déployé*, retombe cent fois sur les *mats*. L'onde, le ciel, un *orison* vague, *ou* la vue *à bau* s'*enfonser* dans l'abîme de l'*étendu*, un vide *profont* et sans bornes, le *cilence* de l'*immencitée*; voilà *se* que *présentent* aux matelots ce triste et *fatale émisfère. Consterné* et *glacé* d'*effroit*, ils demandent au ciel des orages et des *tempettes*, et le ciel, devenu d'*érin* comme la mer, ne *leurs ofres* de *toute* parts qu'une affreuse *séreinité*. Les jours, les nuits, s'*écoules* dans ce repos funeste: ce soleil, *don l'écla n'aissant* ranime et *rejoui* la terre; *ses étoilles*, dont les *nochés* aiment à voir *brillier* les feux *étincellants*; ce liquide *cristale* des *aux*, qu'avec tant de plaisir nous *contamplons* du rivage, *lors qu'il réfléchi* la lumière et *répette l'asure* des cieux, ne *forme* plus qu'un spectacle funeste; et tout *se* qui, dans la nature, *anonse* la paix et la joie, ne *portent* ici que l'*épouvente*, et ne *présagent* que la mort.

Cepandant les vivres *sépuisent*, on les *réduits*, on les *dispancent* d'une main avare et sévère. La nature, qui voit *tarrir* les *sourses* de la vie, en *devien* plus avide; et plus les *resources diminues*, plus on *sant* croître les besoins. A la *dizete enfin* succède la famine, *fléot térible* sur la terre, mais plus *térible* mille fois sur le vaste abîme des *aux*: car *aumoin* sur la terre *quelle que lueure d'espérence* peut abuser la *douleure* et soutenir le courage; mais au *millieu* d'une mer *immanse*, solitaire, et *environé* du *néan*, l'homme, dans l'abandon de toute la nature, *na* pas même l'*ilusion* pour le sauver du *désespoire*: il voit comme un abîme l'*espasse épouventable* qui l'éloigne de tout *secour*; sa *pensé* et ses *veux si* perdent; la *voie* même de l'*espérence* ne peut *ariver j'usqu'*à lui.

Les premiers *accèts* de la *fain ce* font *santir* sur le *vessau* : *cruel* alternative de *douleure* et de rage, *ou* l'on voyoit des malheureux *étendu* sur les *bans*, lever les mains *ver* le ciel avec des *plintes lamantables*, ou *courrir* éperdus et furieux de la *prou* à la poupe, et demander *aumoin* que la mort *vint* finir *leur meaux* !

XXI.

LE SONGE DE MARC-AURÈLE.

Je *voulu* méditer sur la *douleure* : la nuit étoit déjà *avencé*; le besoin du *someille fatigoit* ma paupière ; je *lutai quelques* temps; enfin je fus obligé de *séder*, et je m'*assoupi ;* mais dans *cette intervale* je crus avoir un songe. Il me *s'embla* voir dans un vaste portique une multitude d'hommes *r'asemblés ;* ils avoient *quelle que* chose d'auguste et de grand. *Quoique* je *n'usse* jamais *vaicu* avec eux, leurs *trais pour tant* ne m'*était* pas *étrangés;* je *cru* me *rappelé* que j'avois *souvant* contemplé leurs *statuts* dans Rome. Je les *regardoient* tous *quant* une *voie* terrible et forte *retentie* sous le portique : MORTELS, APPRENEZ A SOUFFRIR ! Au même instant, devant *lun*, je vis *salumer* des *flâmes*, et il y *pausa* la main. On *aportat a* l'autre du poison ; il but, et fit une libation *au* dieux. Le troisième étoit *de bout au près* d'une *statut* de la *libertée* brisée; il tenoit d'une main un livre ; de l'autre il prit une *épé*, dont il regardoit la pointe. Plus *loing*, je *distingué* un homme tout *senglant*, mais calme et plus *tranquil* que *ces bouraux;* je *courrus* à lui, en *mécriant :* « *Oh* Régulus ! *esse-toi ?*» Je ne *pu* soutenir le spectacle de ses *meaux*, et je *détourné* mes *regarts.* Alors *j'apperçu* Fabricius dans la *pauvretée*, Scipion mourant dans l'*exile*, Épictète écrivant dans les *cheines*, Sénèque et Thraséas les *vaines* ouvertes, et regardant d'un *œuil tranquil* leur sang *coulé.* Environné de tous *ses* grands hommes *maleureux*, je versois des larmes; ils *parrurent étonés.* L'un *deux, se fût* Caton, *aprochat* de moi, et me *dis :* « Ne nous *plaint* pas, mais *imites*-nous ; et toi *ausi*, *aprens* à *vincre* la *douleure*! » Cependant il me *parus* prêt *a* tourner contre lui le *ferre* qu'il tenoit à la main; je *voulu* l'*aretter*, je frémis, et je m'é-*veilliai*. Je *réflechi* sur ce *sonje*, et je *consu* que ces prétendus *meaux* n'*avoit* pas le droit d'é-*branlé* mon courage : je *résolu* d'être homme, de *soufrir*, et de faire le bien.

XXII.

LE LEVER DU SOLEIL.

On le voit *s'anoncer* de loin par les *trais* de *feux* qu'il *lence audevent* de lui. L'*incendi og-mante*, l'*oriant* paroît tout en *flâmes* : à leur éclat on *atent* l'astre long-temps avant qu'il *ce* montre; à chaque *instants* on croit le voir *parroître*; on le voit *en fin*. Un point *brilliant pare* comme un *éclaire*, et remplit aussitôt *tous* l'*espasse* : le *voil* des *ténaibres séface* et tombe; l'homme *reconoit* son séjour, et le trouve *embélit*. La verdure a *prit*, durant la nuit, une *vigeur* nouvelle; le jour naissant qui l'*éclair*, les *premiés* rayons qui la *dore*, la *montre* couverte d'un *brilliant rézau* de *rosé*, qui réfléchit à l'*œuil* la lumière et les *cou-leures*. Les *oisaux* en *cœur*, se réunissent et sa-luent, de *consert*, le père de la vie; en ce mo-ment pas un *seule* ne se tait. Leur *gasouillement*, foible encore, est plus *lant* et plus doux que dans le reste de la *journé* : il *ce sant* de la *langeur* d'un *pésible réveille.* Le *concourt* de tous ces *obgets* *portent* aux *sans* une impression de *fraicheure* qui semble *pénétré jusqua* l'amc. Il y *à la* une *demie*-heure d'cuchantement, *au quel* nul homme ne résiste : un spectacle si grand, si *bau*, si *délisieux*, n'en *laissent auqu'un* de *sens froit.*

XXIII.

J'ai reçu une lettre de ton *neveux* Rhédi : il me *mende* qu'il *quite* Smyrne, dans le *dessin* de voir l'Italie ; que l'unique but de son voyage est de s'instruire, et de se *randre* par *la* plus digne de toi. Je te *félicites* d'avoir un *neveux* qui sera *quelques jours* la consolation de ta *viellesse.*

Rica t'écrit une longue lettre : il *ma dis* qu'il te *parlois baucoup* de ce *païs-cy.* La *vivassité* de son esprit fait qu'il *sésit* tout avec *prontitude :* pour moi, qui *panse* plus *lantement*, je ne suis en état de te rien dire.

Tu *est* le sujet de nos *conversasions* les plus tendres : nous ne pouvons *assés* parler du bon *acceuil* que tu nous *à faits* à Smyrne, et des *servisses* que ton *amitiée* nous *rends tout* les jours. *Puisse*-tu, généreux Ibben, trouver *par tout* des amis *ausi reconnoissant* et *ausi fidels* que nous !

Puissai-je te revoir bientôt, et retrouver avec toi *ses* jours heureux qui *coullent* si *doussement* entre deux amis !

XXIV.

PENSÉES.

La passion fait *souvant* un *foux* du plus *habille* homme, et rend *souvant habille* les plus *sauts*. — L'*orgueil* se *dédomage toujour*, et ne *pert* rien, lors même qu'il renonce *a* la *vanitée*. — L'*orgeuil à* plus de *par* que la *bontée au* remontrances que nous faisons *a* ceux qui *cometlent* des fautes, et nous ne les *reprennons* pas tant pour les en *corigés*, que pour *leurs persuadé* que nous en sommes *exants*. — Le caprice de notre *humeure* est encore plus *bisare* que *ce lui* de la fortune. — *Quoi que* les hommes se *flatent* de *leur* grandes actions, *elle* ne sont pas *souvant* les *éfets* d'un grand *dessin*, mais les *éfets* du *hazart*. — Le *cilence* est le *partit* le plus *sure* pour *ce lui* qui *ce défit* de soi-même. — Les *défaux* de l'esprit *ogmente* en *viellissants* comme ceux du visage. — Le *desire* de paroître *abile* empêche *souvant* de le devenir. — Nous plaisons plus *souvant*, dans le *comerce* de la vie, par nos *défaux* que par nos bonnes *calitées*. — *Tout* ceux qui *saquitent* des devoirs de la *reconnessance* ne peuvent pas pour *ce là* se *flaté* d'être *reconnessant*. — *S'est* une grande *abileté* que de savoir *caché* son *abileté*. — Il y *à* des personnes à qui les *deffauts siént* bien, et d'autres qui sont *disgrassiés* par leurs bonnes *calitées.*—L'*honeur aquit* est *cotion* de celui qu'on doit *aquérir.* — Il y a des *faustées* déguisées qui *réprésente* si bien la *véritée*, que *se* seroit mal *jugé* que de ne *si* pas *laissé* tromper.—La modération est comme la *sobriétée :* on voudroit bien *mangé d'avantage*, mais on *craind* de se faire mal. — L'esprit nous *serre quelques fois* à faire *ardiment* des *sotises.* — La *grasse* de la *nouvauté* et la longue *abitude*, *quelles qu'opposés* qu'elles soient, nous *empêche égallement* de sentir les *défaux* de nos amis. — Ce qui *rand* les *douleures* de la honte et de la jalousie si *égues*, *s'est* que la *vanitée* ne peut *servire a* les *supportées.* — Le même *orgueille* qui nous *faits blamés* les *deffauts* dont nous nous *croïons exants* nous *portent* à *méprisé* les bonnes *calités* que nous n'avons pas. — *Toute* nos *qualitées* sont *insertaines* et *douteuses* en bien comme en mal, et elles *sonts presques* toutes *a* la *mercie* des *ocasions.* — *Quelques* méchants que *soit* les hommes, ils n'*auseroient paroîtres ennemi* de la *vertue;* et *l'orsqu'ils* la *veullent* persécuter, ils *fégnent* de croire qu'elle est *fauce*, ou ils lui *suppose* des crimes. — La jalousie est le plus grand de *tout* les *meaux*, et celui qui fait le *moin* de *pitiée* aux personnes qui le *cose.* — *Peut* d'esprit avec de la droiture *ennuit moin a* la longue, que *baucoup* d'esprit avec du *travert.*

CHAPITRE II.

Dans ce chapitre, j'indique par un chiffre, placé devant chaque ligne, combien il y a de fautes à corriger dans la ligne : il y a quelquefois plusieurs fautes dans le même mot.

I.

2 Un homme carressoit un petit chien en présance
5 de son âne. Celui ci anvyoit le bonneur du premié.
4 Que fait se chien, disoit il en luimême, pour mérité
4 les carresses de nôtre mêtre? Quelques fois il lui
5 donne la pate. Et bien ! s'il ne tien qu'a celà pour
4 sans faire aimé, je serai bientôt tout ausi heureu
2 que ce petit annimal. Cela dit, il se lève sur ces
3 piés de dérière, et présante lourdement ceux de
5 devent a son maitre. Celui-ci, fort surprit, rebutta
4 des careisses si grosières, et appella ses valais, qui
5 acourrurent, et payairent a grands cous de bâton
4 la sivilitée du beaudais.

II.

3 Un jour le pan trétoit la gru avec profusion.
4 Comme la bonne chaire commensoit à l'échôfer;
5 il se mit a discourrir de se qui le distaingoit des
4 autres oisaux. En suite, pour montrer a son ami
3 qu'elles aventages il avoit sur elle, il étalla sa
3 queu, et lui en fit remarqué la bigarure. Voisin,
3 lui dit la grue, piqué de la vanitée de son haute,
je conviens avec vous que mon plumage est, en
5 bautée, fort audesous du votre; mais quand je

3 faits réflection que tandis que vous ne vollez
3 qu'avec paine sur le toi d'une maison, je m'ellève,
4 moi, andessu des nus, je men console, je vous
1 jure, fort ésément.

III.

J. B. ROUSSEAU A M. BOUTET.

3 Je vous auroit prévenus, mon sieur, et vous
4 auriez reçut, il y à lontemps, mes compliments a
5 locasion de la nouvel anée, si la distingtion des
5 tems faisoient quelle que chose a mon amitiée, et
5 s'y j'étois de ses gens qui on besoins de lire l'almanat
3 pour savoir quant et comment il doivent aimés
3 leurs amis. Je ne connoit poin de jour dans l'anné
3 ou je ne face des veux pour votre satisfaction ; le
3 reste est un pure sérémonial que je l'aisse aux
1 Italiens et aux Allemands, me contantant de la
4 réalitée, et convincu que tous ce qu'on donne au
4 compliments est au tant de rabbatu sur la véritée.

IV.

2 On nous présentat dabord à Aceste, qui, tenant
2 son septre d'or en main, jugoit les peuples, et se
2 préparoit a un grand sacrifice. Il nous demenda
3 d'un ton séver qu'elle étoit notre pays et le suget
1 de notre voyage. Mentor se hâtat de répondre, et
1 lui dit : Nous venons des cautes de la grande Hes-
3 périe, et notre patrie n'est pas loin dela. Ainssi il
évita de dire que nous étions Grecs Mais Aceste,
3 sans l'écouté d'avantage, et nous prenants pour

3 des étrangés qui cachoit leur dessin, ordonna
2 qu'on nous envoya dans une forêt voisine ou nous
2 servirions en esclave sous ceux qui gouvernoit ses
1 troupaux.

V.

MORT DU FILS D'IDOMÉNÉE.

2 En se moment Idoménée, tout hor de lui, et
2 comme déchiré par les furies infernalles, surprent
4 tout ceux qui l'observes de prêt ; il enfonse son
3 épé dans le cœur de cette enfant, il l'a retire toute
2 fumante et plaine de sang pour la plongé dans
3 ces propres antrailles : il est encore une foi retenu
1 par ceux qui l'environne.

2 L'enfant tombe dans son sang ; ces yieux se
3 couvres des hombres de la mort ; il les entr'ouvrent
4 a la lumière ; mais apeine l'a-t'il trouvé, qu'il ne
5 peut plus la suportée. Telle qu'un beau lisse aux
3 millieu des champs, couper dans sa rassine par le
4 trenchant de la charue, langui et ne se soutien
2 plus ; il n'a point encor perdu cette vive blancheure
2 et cette écla qui charme les yeux, mais la terre ne
4 le nourie plus, et sa vie est étinte : insi le fils d'Ido-
2 ménée, comme une jeune et tandre fleure, est
2 cruellement moissoné des son premier âge.

2 Le père, dans l'exès de sa douleure, devient
4 insencible ; il ne sçait ou il est, ni se qu'il a fait,
3 ni se qu'il doit faire ; il marche chanselant vert la
ville et demande son fils.

3 Cependant le peuple, toucher de compation

2 pour l'anfant et d'orreur pour l'action barbare du
4 père, s'écrit que les dieux juste l'on livrés aux fu-
4 ries. La fureure leurs fournie des armes : ils prènent
2 des bâtons et des pières ; la discorde soufle dans
3 tout les cœurs un venain mortelle. Les Crétois, les
2 sages Crétois oublyent la sajesse qu'ils ont tant
2 aimés ; ils ne reconnessent plus le petit-fils du sage
1 Minos. Les amis d'Idoménée ne trouves plus de
5 salue pour lui quand le ramenant ver ses vessaux :
4 ils s'ambarquent avec lui ; ils fuyent a la mercie
des ondes. Idoménée, revenant à soi, les remer-
4 cient de l'avoir arracher d'une terre qu'il à arrosé
3 du sang de son fils, et qu'il ne soroit plus abitter.
Les vents les conduisent vers l'Hespérie, et ils vont
3 fondèrent un nouvau royaume dans le païs des
Salentins.

VI.

VOLTAIRE AU ROI DE PRUSSE.

3 Je resemble aprésent aux pellerins de la Mecque,
4 qui tourne leurs ieux ver cette ville à près l'avoir
4 quité : je tournes les miens vers votre-court ; mon
3 cœur, pénaitré des bontées de votre magesté, ne
1 connoît que la douleure de ne pouvoir vivre au-
4 près d'elle. Mon atachement est égale a mes regrès ;
5 et si d'autre devoirs m'entraines, ils n'éfasseront
2 jamais de mon cœur les sentiments que je doits a
2 se prince qui panse et qui parle en homme, qui
6 fuie cette fosse gravitée sous la quelle ce cache
2 toujour la petitesse et l'ignorence, qui se commu-

3 nique avec libertée, par ce qu'il ne craind point
2 d'être pénétrer, qui veux toujours s'instruire, et
2 qui peut instruir les plus éclèrés.

VII.

3 Tu connoît mintenant le digne amie que le ciel
3 t'as donné : se ne seroit pas trop de ta vie antière
5 pour mérité ces biens faits ; se ne sera jamais assé
4 pour réparé l'offance que tu vient de lui faire, et
3 j'espaire que tu n'aura plus besoin d'autre lesou
3 pour contenir ton imajination fougeuse. S'est sous
2 les hospices de cet homme respectable que tu va
6 entré dans le monde ; s'est a l'apuie de son crédi,
4 c'est guider par son expériance que tu va tanter
3 de vangé le mérite oublié, des rigeurs de la fortune.
4 Fait pour lui se que tu ne feroit pas pour toi ; tâches
4 aumoin d'honnorer ses bontés en ne les rendants
5 pas innutils. Voies qu'elle riante perspective s'ofre
4 encore a toi ; vois qu'el succèt tu dois espéré dans
5 une carière ou tout concoure a favoriser ton zel. Le
4 ciel t'as prodiguer ses donts ; ton heureux naturelle
4 cultivé par ton goût ta doué de tout les talants ; a
2 moins de vint-quatre ans tu joinds les graces de ton
4 âge a la maturité qui dédomage plus tart du progrèt
des ans.

VIII.

5 Nous arivames a une espesse de sirque très vaste,
4 environé d'une épaice forêt : le millieu du sirque
3 étoit une arenne préparé pour les combatants ; elle

5 étoit bordé par un grand enfiteâtre d'un gason
5 fraix, sur le quel étoit assi et renger un peuple
4 inombrable. Quant nous arivâme, on nous reçut
2 avec honeur; car les Crétois son les peuples du
2 monde qui exerse le plus noblement et avec le plus
3 de religion l'ospitalité. On nous fit assoire, et on
2 nous invita a combatre. Mentor s'en excusa sur
3 son grand âge, et Hazael sur sa fèble sentée.

4 Ma jeunesse et ma vigeur m'autoit tout excuse:
4 je jettai néantmoins un coud'œuil sur Mentor pour
5 découvrire sa pansé; et j'apperçu qu'il souhaitoit
3 que je combatisse. J'accepté donc l'ofre qu'on me
4 faisois. Je me dépouilliai de mes abits; on fit coulé
4 des flaux d'huille dousse et luisante sur tout les
4 menbres de mon corp; et je me mêllai parmis les
3 combatants. On dit de tout côtés que s'étoit le fils
2 d'Ulysse qui étoit venu pour tacher de remporté les
4 pris; et plusieur Crétois, qui avait été a Ithaque
4 pandant mon enfense, me reconurent.

IX.

4 Le premié combat fût ce lui de la lute. Un Rho-
4 dien d'environs trante-cinq an, surmonta tout les
4 autres qui ausèrent ce présentèrent a lui. Il étoit
4 encor dans toute la vigeure de la jeunesse: ces
3 bras étoit nerveux et biens nourrits; au moindre
3 mouvement qu'il faisoit, on voyioit tout ces mus-
1 cles: il étoit égallement souple et fort. Je ne lui
3 paru pas digue d'être vinqu; et, regardant avec
3 pitié ma tandre jeunesse, il voulu se retiré: mais

4 je me présenté a lui. Alors nous nous sésimes l'un
2 l'autre, nous nous sérâmes a perdre la respiration.
5 Nous étions épôle contre épôle, pié contre pié, tout
5 les nerfs tandu et les bras entrelassé comme des cer-
4 pents, chaqu'un s'éforsant d'en lever de terre son
3 énemi. Tantôt il esseyoit de me surprandre en me
2 pousant du cauté droit, tantôt il s'efforçoit de me
6 panché du coté gôche. Pandant qu'il me tâtoit insi,
5 je le pousai avec tent de violance, que ces rins
4 plyèrent : il tombat sur l'areine et m'entièna sur
5 lui. Envain il tacha de me mètre desous : je le teins
5 imobille sous moi. Tout le peuple criat : Victoire
3 au fils d'Ulysse ! et j'édai au Rhodien confu a se
1 relevé.

X.

6 Trois vessaux sont arivés ici s'en m'avoir aportés
4 de tes nouvelles. Est-tu malade ? où te plaits-tu a
2 minquietter ?
4 Si tu ne m'aime pas dans un péis ou tu n'est lié
3 a rien, que serasse au milieux de la Perse, et dans
2 le sin de ta famille ? mais peutêtre que je me trom-
3 pe : tu es assés aimable pour trouvé par tout des
1 amis ; le cœur est cytoyen de tous les pays : com-
3 ment une ame bien faitte peut t'elle s'empêchée de
1 former des engagements ? Je te l'avous, je respecte
2 les enciennes amitiées ; mais je ne suis pas fâché
1 d'en faire par tout de nouvelles.
3 En quel que pays que j'ai été, j'y ai vaicu comme
3 s'y j'avois du y passé ma vie : j'ai eu le même empressement pour les gens vertueux, la même com-

2 pation, ou plutôt la même tandresse, pour les malheureux, la même estime pour ceux que la prospé-
5 ritée na point aveuglé. S'est mon caractaire, Usbek :
3 par tout ou je trouverez des hommes, je me choi-
sirai des amis.

3 Il y à ici un guèbre qui, à près toi, à, je crois,
1 la première plasse dans mon cœur ; c'est l'ame de
2 la probitée même. Des raisons particullières l'ont
5 obligées de ce retiré dans cette ville, ou il vie
4 tranquil du produi d'un trafique honête, avec une
2 famme qu'il aime. Sa vie est toute marqué d'ac-
5 tions généreuse; et quoi qu'il cherche la vie obscur;
3 il y à plus d'éroïsme dans sont cœur que dans celui
des plus grands monarques.

1 Je lui ai parlé milles fois de toi ; je lui montre
3 toute tes lettres : je remarque que ce là lui fait
2 plésir, et je vois déjà que tu a un ami qui t'est
inconnu.

3 Tu trouverras ici ses principalles avantures :
4 quelle que répugnance qu'il est eu à les écrires, il
2 n'a put les refuser à mon amitié, et je les confis à
la tienne.

XI.

4 Les jeunes chats sonts guais, vifs, jolies, et seroit
4 ausi très propres a amuser les anfants si les cous
4 de pate n'étoit pas a crindre : mais leur badinage,
4 quoi que toujour agréable et légé, n'est j'amais
5 inocent, et bientôt il ce tourne en malisse abituel;
3 et comme ils ne peuvent exerser ses talants avec

4 qu'elqu'aventage que sur les plus petits animeaux,
6 ils se mettent a l'afû prêt d'une caje, ils épies les
3 oisaux, les souries, les rats, et deviènent d'eux-
5 même, et sans y être dressé, plus abilles a la
1 chasse que les chieus les mieux instruis. Leur
4 naturelle, enemi de toute contrinte, les rand
3 incapable d'une éducation suivit. On raconte
3 néanmoin que des moines grèques de l'ille de
3 Chypre avoient dressés des chats a chasser, pran-
4 dre, et tuer les cerpents dont cet ille étoit infesté
2 Mais s'étoit plutôt par le goût générale qu'ils ont
1 pour la destruction que par obéissence qu'ils chas-
3 soient; car ils se plaisent a épié, attaqué, et dé-
5 truir assez indiféramment tous les animeaux fèbles,
3 comme les oisaux, les jeunes lapains, les levreaux,
4 les rats, les souries, les mulaux, les chauve-souries,
4 les tôpes, les crapauts, les grenouilles, les lésarts,
2 et les serpants. Ils n'ont aucune dosilité, ils man-
3 quent ausi de la finesse de l'audora, qui, dans le
3 chien, sont deux calitées éminantes : ausi ne pour-
1 suivent-ils pas les animaux qu'ils ne voyent plus;
1 ils ne les chasseut pas, mais ils les atendent, les
5 ataques par surprise; et après c'en être joué lon-
3 temps, ils les tues sans aucune nessécité, lors même
4 qu'ils sont le mieu nourits et qu'ils n'ont anqu'un
3 besoin de cette proit pour satisfaire leur apétie.

XII.

2 L'homme sait user en maître de sa puissanse sur
4 les animaux, il à chosit ceux dont la chaire flate

2 son goût, il en a faits des esclaves-domestique, il
1 les a multiplié plus que la nature ne l'auroit fait,
3 il en à formé des troupaux nonbreux ; et par les
5 soins qu'il prent de les faires nêtres, il s'emble
3 avoir aquit le droit de se les immolés : mais il
4 étant ce droit bien audelà de ces besoins ; car
7 indépandament de ses espesses qu'il c'est asujetti,
5 et dont il dispause a son grés, il fait ausi la guère
3 aux animeaux sauvage, aux oisaux, aux poissons ;
2 il ne se borne pas même a ceux du clima qu'il
3 abite, il va chercher au loing, et jusqu'au millieu
3 des mers de nouvaux maits, et la nature antière
6 s'emble suffir apeine a son intempérense et à l'in-
3 constante variétée de ses apétis. L'homme con-
5 some, englouti lui seule plus de chère que tout
2 les animaux ensembles n'en dévores : il est donc
2 le plus grand destructeur, et s'est plus par abut
1 que par nécécité. Au lieu de jouir modérément
2 des biens qui lui sont ofert, au lieu de les dis-
6 pancer avec équitée, au lieu de répairé a mesur
5 qu'il détrui, de renouveller l'orsqu'il annéanti,
2 l'homme riche met toute sa gloire a consomer,
3 toute sa grandeure a perdre en un jour a sa table
2 plus de biens qu'il n'en fodroit pour faire subsisté
2 plusieur familles ; il abuse égallement et des ani-
1 maux et des hommes, dont le reste demeure afamé,
3 langui dans la miserre, et ne travail que pour satis-
6 faire a l'apéti immodérée et a la vanitée encore plus
1 insassiable de cet homme qui, détruisant les autres
3 par la dizette, se détrui lui-même par les exès.

XIII.

2 Je trouves les caprisses de la mode chez les
2 François étonnant. Ils ont oubliés comment ils
5 étoient abilliés cette été ; ils ignore encor plus
5 comment ils le serons cette hyvert : mais sur tout
2 on ne sauroit croire combien il en coutte a un
2 mari pour mètre sa famme à la mode.
1 Que me servirois de te faire une description
2 exacte de leur abillement et de leur parures? Une
2 mode nouvelle vienderoit détruire tous mon ou-
3 vrage; et avant que tu eusse reçut ma lettre tous
1 seroit changer.
3 Une femme qui quite Paris pour allée passé six
3 mois a la campagne en revieu aussi hantique que
5 si elle si étoit oublié trante an. Le fils méconoît
3 le portrêt de sa mère, tant l'abit avec le quel elle
4 est painte lui parroît étrangé : il s'immagine que
4 s'est quelle qu'Américaine qui y est représenté, où
3 que le pintre a voulu exprimé quelle qu'une de ses
1 fantésies.
4 Quelques fois les coifures moute insenciblement,
3 et une révolution les faits dessandre tout-à-coup.
5 Il à été un temp que leur hauteure immance,
3 métoit le visage d'une fame au milieux d'elle-
5 même; dans un autre, s'étoit les piés qui ocupoit
3 cette plasse; les talons faisoit un pied d'estal qui
2 les tenoient en l'air. Qui pouroit le croire? Les
3 harchitectes ont été obligé de hausser, de besser,
2 et d'élargir leur portes, selont que les parures des

1 femmes exigoient d'eux ce changement; et les
5 reigles de leur art ont été aservi a ces caprisses.
2 On voit quelques fois sur un visage une cantité
2 prodigieuse de mouche, et elles disparessent le
4 l'endemin. Autre fois les femmes avoit de la taille
2 et des dants; aujourdui il n'en est pas question.
4 Dans cette chengante nation, quoique en dise les
3 movais plaisents, les filles ce trouvent autrement
2 faittes que leur mères.

XIV.

2 Madame de Sévigné ce conduisie, pour l'édu-
1 cation de ces enfants, d'après les principes qui
5 l'avoit toujours annimé, s'est-à-dire par des vus
2 justes, une embition noble, mais modéré, et des
3 sacrifices proportionés a sa fortune. Elle achetta
2 pour son fils un emploie considérable; elle mariat
3 sa fille au marqui de Grignan, lieu tenant générale,
2 homme de calité, d'un âge mûre, et jouissant
2 d'une réputation bien mérité. Ce mariage sambloit
3 devoir fixé madame de Grignan a la coure, et
2 s'étoit bien l'espoire de madame de Sévigné: mais
4 cette fille, si tandrement chéri, fût fixé en Pro-
4 vence, ou son marie fût nommé commendant; et
1 cette éloignement, qui fit la désolation de madame
4 de Sévigné, fût la cause de sa sélébritée, puis que
5 nous lui devons cette corespondense ou lon trouve
3 des narations picantes, des réflections fines et ju-
3 ditieuses sur les événements du tems, des détailles
3 charmants de sa vie privé, et sur tout une inné-

2 puisable éfusion de tandresse pour ses amis et
pour sa fille.

XV.

3 Oh homme, de quelque contré que tu soies,
4 quelque soie tes opinions, écoutes; voici ton istoire
2 tel que j'ai crus la lire, non dans les livres de tes
2 semblables, qui sont manteur, mais dans la na-
3 ture, qui ne mant jamais. Tous se qui sera d'elle
5 sera vraie; il ni aura de faut que se que j'i aurai
1 mellé du mien sans le vouloir. Les temps dont je
4 vais parlé sonts bien éloigné: combien tu a changé
3 de ce que tu étoit, s'est, pour insi dire, la vie de
3 ton espesce que je vais d'écrire, d'après les qualitées
3 que tu a reçu, que ton éducation et tes abitudes
7 on pus dépravé, mais quelles non pus détruires.
3 Il y à, je le sents, un âge au quel l'homme indi-
4 viduelle voudroit s'aretter : tu cherchera l'âge
8 au quel tu desireroit que ton espesse ce fut aretté.
2 Mécontant de ton état présant par des raisons qui
4 annonce a ta postéritée maleureuse de plus grands
4 mécontentements encor, peut être voudroit tu
1 pouvoir rétrogradé; et ce sentiment doit faire
2 l'éloge de tes premiés ayeux, la critique de tes
3 contemporins, et l'effroit de ceux qui aurons le
2 malheur de vivres à près toi.

XVI.

3 Je viens d'achevé la tache que je m'étois imposé.
2 Si je ne mabuse on poura se former, d'après le

4 réci qu'on vient de lire, une idé assé complette
2 et assé juste du caracterre de Montesquieu, de
2 ses goûts, de ses abitudes, de ses calités, et même
5 des légés défaux qui si trouvoit mellés. On de-
1 meurera persuadé que cet homme d'un géni si
3 actife et si profont étoit encor un homme de
3 mœurs douses et facilles, d'un comerce agréable
4 et sure, un homme naturelle surtout, qu'une ser-
1 taine singularité de manières distingoit de la
4 foulle des aitres répendus dans la sossiété, de
même que l'originalité de son talent lui marque
3 une place séparé parmis les grands écrivins dont
3 notre sciècle s'honnore. Je n'ai point crut devoir
4 m'ocupé de l'examen de ses ouvrages. Analisé,
7 jugé, aprécié de puis lontemps, ils ont subis toute
2 les épreuves, et l'immortalité leur est aquise. Sorti,
1 pour ainssi dire du domaine de la critique, ils
5 apartiennent désormais a l'élocance, chargé de
4 sélébrer les chefs-d'euvres que l'admiration public
2 a consacré. Il étoit réservé a une autre plume que
3 la miène de remplire ce noble soin en vers l'auteur
de l'Esprit des Lois. Un jeune orateur vient de
2 ceuillir une nouvelle palme en louant le géni de
1 Montesquieu, et se qui est pour lui-même la plus
3 belle louange, son talant à été jugé digne de sont
1 suget.

XVII.

3 Ces nouvaux majistrats entrairent en possession
1 de leur dignitée aux ides de mai (15 mai); et pour

5 inspiré dabort de la crinte et du respec au peuple,
3 ils parurent en publique chaqu'un avec douse lic-
3 teurs, au quels ils avoient faits prendres des haches
3 avec leurs fesseaux, comme en portoit ceux qui
3 marchoient devent les enciens rois de Rome où de-
4 vent le dictateur; ensorte que la place fût remplit
1 de six vingt licteurs qui écartoient la multitude avec
2 un faste et un orgeuil insupportables dans une ville
6 ou reignoit au paravent la modestie et l'égalitée.
4 Le peuple ne vie qu'avec indignation cette apareille
2 de la tiranie. La comparaison qu'il faisoit de la mo-
2 dération des consules avec les manières fierres et
3 autaines des décemvirs lui fit bientôt regréter l'en-
3 sien gouvernement. Il se plégnoit secrettement
1 qu'on lui eut donné dix rois pour deux consuls.
3 Mais ces réflections venoient trot tart, et il n'étoit
1 plus maître de détruir son ouvrage.

XVIII.

2 Pour moi, j'arivai dans des déserts afreux : on
4 n'y voit des sables brûlents au millieu des pleines;
2 des naiges qui ne fondent jamais fond un hi-
4 vert perpétuelle sur le somait des montagnes; et
3 l'on trouve seullement, pour nourir les troupaux,
4 des pâturages parmis des rochés, ver le milieux de
5 ses montagnes escarpés. Les valés y sont s'y pro-
3 fondes, qu'apeine le soleil y peut faire luir ces
1 reyons.

2 Je ne trouvé d'autres hommes dans ce païs que
3 des bergés aussi sauvage que le pays même. La, je

4 passois les nuies a déploré mon maleur, et les jours
5 a suivre un troupaux pour évité la fureur brutal
d'un premier esclave, qui, espérant d'obtenir sa
4 libertée, acusoit s'en sesse les autres, pour faire
6 valloir a son maître son zel et son atachement a ces
3 interrêts. Cette esclave ce nommoit Butis. Je devois
6 sucombé en cet ocasion : la douleure me pressent,
v 4 j'oublié un jour mon troupau, et je mettendis sur
5 l'erbe au-près d'une caverne, ou j'atandois la mort,
3 ne pouvant plus suporté mes paines.
2 En se moment je remarqué que toute la monta-
5 gne trambloit; les chaînes et les pains s'embloit
4 dessendre de son somet ; les vants retenois leurs
5 alaines. Une voie mujissante sortie de la caverne
3 et me fit entandre ses parolles : Fils du sage Ulysse,
1 il faut que tu devienne, comme lui, grand par la
3 passiance : les princes qui ont toujours étés heu-
3 reux ne soint guere digne de l'être; la molesse les
5 coromps, l'orgeuil les ennivrent. Que tu seras heu-
2 reux si tu surmonte tes malheurs, et s'y tu ne les
2 oublient jamais! Tu revèras Ithaque, et ta gloire
2 montera jusqu'aux astres. Quant tu sera le maître
1 des autres hommes, souvient-toi que tu as été
4 féble, peauvre, et soufrant comme eux ; prens
4 plaisir a les soulagés, aimes ton peuple, détestes
4 la flaterie, et sçaches que tu ne sera grand qu'au-
1 tant que tu seras modéré et courageux pour vincre
tes passions.

XIX.

3 Tendre amitié, délisse des bons cœurs, s'est dans
5 le ciel que tu pris nessance; tu dessandis sur la
3 terre aux premiés chagrains des mortels; tu veins
4 les soutenirs, les consolés, leurs faire suporter la
4 vie. Le créateur, tout jours atentif a soulagé par un
4 bien fait chaqu'un des maleurs de la nature, t'o-
5 posas seul a toute les peines des humains. Toi seul
3 donné a l'homme rendit la mesure de ses biens
3 plus graude que selle de ses meaux. Sans toi, jouaits
2 éternels du sor nous passerions dans les pleures les
2 lons instants de cette courte vie. Sans toi, frailes
3 vesseaux privé de gouvernails et de pilottes tou-
5 jour batus par des vants contraires, portés sa et la
3 sur une mère semé d'éceuils, nous péririons sans
3 être plainds, ou nous échaperions pour soufrir en-
6 cor. Tu devient le port tranquil ou lon se réfugit
5 pandant l'orage, ou lon se félicite à près le dangé.
1 Par toi, les malheureux oublies leurs peines, les
2 heureux doublent leurs plésirs. Bien faitrice de
3 tout les hommes, tu leurs donne des jouissances
2 que le remord et la crainte ne vienne point em-
1 poisonnés.

XX.

LA VALLÉE DE TEMPÉE.

3 Les montagnes son convertes de peupliés, de
5 platannes, de fraines d'une bauté surprenante. De

4 leurs piés jaïssent des sourses d'une eau pur com-
3 me le cristale, et, des intervals qui sépare leurs
4 sommaits, s'échape un air frai que lou respire avec
3 une voluptée secrette. Le fleuve présante presque
5 par tout un cannal tranquil; et, dans sertains an-
2 drois, il embrasse de petites illes dont il éternise
4 la verdure. Des grotes persés dans les flans des
5 montagnes, des piesses de gason placé au deux cautés
4 du fleuve, s'emblent être l'azil du repos et du plé-
3 sir. Se qui nous étonnoient le plus, étoit une ser-
2 taine intelligeance dans la distribution des horne-
6 ments qui pare ses retrètes. Allieur, s'est l'art qui
3 s'éforse d'imité la nature; ici, on diroit que la na-
5 ture veut imité l'art. Les loriers et diférante sortes
4 d'arbrissaux, forment d'eux même des berseaux et
2 des bosquaits, et font un bau coutraste avec des bou-
2 quaits de bois placé au pied de l'Olympe. Les ro-
5 chés sont tapicés d'une espesse de lière, et les har-
6 bres, orné de plentes qui cerpantes au tour de leur
3 tron, s'entrelassent dans leur branches, et tombent
3 en festons et en guirlandes. En fin, tous présante
4 en ses baux lieus la décoration la plus riente. De
5 tous côtés l'œuil s'emble respiré la frêcheure, et
2 l'ame resevoir un nouvelle esprit de vie.

XXI.

4 Si jamais l'homme eût ocasion de déveloper cette
3 instint de courage que lui donnat la nature, s'est
3 dans les conbats qui se livres sur mer. Les batailles

5 de terre présante a la véritée un spectacle tèrible :
5 mais dumoin le sole qui porte les conbatants ne
4 menasse point de sentrouvrir sous leur pas ; l'air
2 qui les environnent n'est pas leur ennemie, et les
4 laissent dirigé leurs mouvements a leur grès; la terre
3 antière leur est ouverte pour échaper au dangé.
4 Dans les combas de mer, tout conspirent a og-
6 manté les périlles, a diminué les resources. L'eau
5 n'ofre que des habîmes dont la surfasse, balansé
5 par d'éternelle secouces, est toujour prette a s'ou-
4 vrire. L'air agitté par les vens produie les orages,
2 trompe les effors de l'homme, et le présipite
4 audevent de la mort qu'il veut évitée. Le feux dé-
2 ploit sur les eaux son activité terrible, entrouvre
6 les vessaux, et réuni la double orreur d'un noffrage
3 et d'un ambrasement. La terre, ou reculé a une
3 grande distence, refuse son azil ; ou, si elle est
3 prêt, sa proccimité même est dengereuse ; et le
3 refuge est souvant un éceuil. L'homme, izolé et
3 séparré du monde entié, est reserré dans une pri-
4 son étroite, dou il ne peux sortir, tendis que la
3 mort y antre de toute parts. Mais parmis ces hor-
2 reurs, il trouve qu'elque chose de plus tèrible
2 pour lui : s'est l'homme son s'emblable, qui, armé
5 du ferre, et mellant l'art a la fureure, l'aproche,
2 le joind, le combat, lute contre lui sur ce vaste
6 tonbau, et uni les effors de sa rage a celles de
2 l'eau, des vens, et du feux.

XXII.

HUMANITÉ DE FÉNÉLON.

3 Elle n'est point éfacé de notre mémoire cet
3 époque dézastreuse et terrible, cet anné la plus
2 funeste des dernières annés de Louis XIV, ou il
3 senbloit que le ciel voulu faire expier a la France
5 ses prospéritées orgeuillieuses, et obscursir l'écla
6 du plus baux reigne qui eut encor ilustré ses
4 analles. La terre, stérille sous les flaux de sang
4 qui l'innonde, devient cruel et barbarre comme
3 les hommes qui la ravage, et lon ségorge en mou-
5 rant de fain. Les peuples, acablé a-la-foi par une
3 guère maleureuse, par les impos, et par le besoin,
2 sont livré au découragement et au désespoire. Le
4 peut de vivres qu'on a put concerver ou receuillir
4 est porté a un prie qui effreye l indigeance, et qui
5 paise-même a la richesse. Une armé, a lors la seulle
6 deffence de l'état, attand envin sa subsistence des
4 magazins qu'un hyvert destructeur n'a pas permi
2 de r'emplir. Fénélon donne l'example de la géné-
4 rositée : il envoit le premié toute les récoltes de
1 ces terres ; et l'émulation gagnant de proche en
5 proche, les péis d'alantours fonts les mêmes éforts,
4 et l'on devien libérale même dans la dizète. Les
5 maladies, suitte innévitable de la misaire, désolle
3 bientôt l'armé et les provainces. L'invazion de
3 l'énemi ajoutte encore la terreure et la consterna-
5 tion a tant de fléots acumulé. Les canpagnes sont

4 déserte, et leurs abitants épouventés fuyent dans
5 les viles Les aziles menquent a la foulle des mal-
2 heureux. S'est alors que Fénélon fît voir que les
4 cœurs sencibles a qui lon reproche d'étandre leurs
5 afections sur le jenre humin n'en aime pas moin
3 leur patrie. Son palait est ouvert au malades, au
4 blécés, aux peauvres, sans exeption. Il engage ces
2 revenus pour faire ouvrire des demeures a ceux
4 qu'il ne s'auroit resevoir. Il leurs rends les soins
1 les plus charitable : il veille sur ceux qu'on doit
6 leurs rendres. Il n'est éfreyé n'y de la contajion,
5 n'y du spectacle de toute les infirmités rasamblés
2 sous ses ieux. Il ne voit en eux que l'umanité
4 soufrante. Il les assistent, leurs parlent, les encou-
5 ragent. Oh! comment ce déffandre de quel qu'at-
1 tendrissement, en voiant cet homme vénérable
2 par son âge, par son rand, par ses lumières, telle
4 qu'un géni bien faisant, au millieu de tout ces
3 malheureux qui le bénisse, distribué les consolla-
2 tions et les secours, et donné les plus touchents
3 examples de ses mêmes vertues dont il avoit donné
2 les plus touchante lesons.

XXIII.

3 Il y avoit a Amadan une sélèbre accadémie,
4 dont le premié statue étoit consu en ses termes :
3 « Les académitiens penserons beaucoup, écrirons
3 peut, et ne parlerons que le moin qu'il sera
5 posible. » On l'apelloit l'accadémie silentieuse, et

5 Il n'étoit point en Perse de vrait savent qui n'eut
2 l'embition d'y être admi. Le docteur Zeb, auteur
5 d'un petit livre exellant, intitulé le Baillion, aprit
2 au font de sa province qu'il vacquoit une place
2 dans l'académie silentieuse. Il pare aussitôt; il
4 arive a Amadan, et se présantant a la porte de la
5 sale ou les accadémisiens sont assemblé, il prit
4 l'uissier de remètre au présidant ce billiet : « Le
3 docteur Zeb demende hunblement la plasse va-
5 quante. » L'uissier s'aquita sur-le-chant de la
3 comission; mais le docteur et son billiet arrivoit
2 trop tart, la place étoit déjà remplit.
2 L'académie fût désolé de ce contre-temps : elle
3 reçue, un peut malgré elle, un belle esprit de la
3 coure, dont l'élocance vive et légère faisoit l'ad-
2 miration de toute les ruelles, et elle se voyioit
3 réduite a refusé le docteur Zeb, le fléot des
5 bavarts; une tête si bien faitte, si bien menblé!
2 Le présidant, chargé d'anoncer au docteur cette
1 nouvelle désagréable, ne pouvoit presque si ré-
2 soudre, et ne savoit comment si prandre. Après
3 avoir un peu raivé, il fit r'emplire d'eau une
2 grande coupe, mais s'y bien remplire, qu'une
4 goûte de plus eut fait débordé la liqueure; puis
3 il fit cigne qu'on introduisi le candida. Il parut
3 avec cette air simple et modeste qui anonse pres-
3 que toujour le vraie mérite. Le présidant se leva,
2 et, sans proférer une seulle parolle, il lui montra
2 d'un air afligé la coupe amblématique, cette coupe
2 si exactement plaine. Le docteur compri de reste

3 qu'il ni avoit plus de place a l'accadémie ; mais,
5 sans perdre courrage, il songoit a faire conpran-
4 dre qu'un académitien surnumérère ni dérenge-
4 roit rien. Il voit a ces piés une feuille de rose ; il l'a
2 ramasse, il la pause délicatement sur la surfasse de
3 l'eau, et fait s'y bien qu'il n'en échape pas une seulle
4 goute. A cette réponce injénieuse, tous le monde
3 batit des mains : on laissa dormire les reigles pour
4 ce jour-la, et le docteur Zeb fût reçut par acla-
1 mation. On lui présanta sur-le-champ le registre
4 de l'académie, ou les récipiandères devoit s'in-
2 scrire eux-même. Il si inscrivit donc ; et il ne
2 lui restoit plus qu'a prononcé, selon l'usage, une
5 frase de remersîment. Mais en accadémitien vraie-
3 ment cilentieux, le docteur Zeb remersia sans dire
3 mot. Il écrivit en marje le nombre cents, s'étoit
3 ce lui de ses nouvaux confrères ; puis en métant
4 un zéro devent le chifre, il écrivit audesous : « Ils
3 n'en vaudrons ni moin, ni plus. » Le présidan
1 répondit au modeste docteur avec au tant de
2 politesse que de présance d'esprit. Il mit le chifre
2 un devent le nombre cents, et il écrivit : Ils en
2 vaudrons dix fois d'avantage. »

XXIV.

PHRASES DÉTACHÉES.

2 Lassé de vivre toujour en suspend et dans l'in-
4 sertitude, je me résolu d'aler dans la Sicile, ou
2 j'avois ouis dire que mon père avoit été jetté par
1 les vens. — Psyché étoit bonne : jamais elle n'au-

4 rait pue se résoudre a faire du mal a ses seur:
1 autrement que par un motife d'obéissance, que
2 ques méchantes et quelques dignes de puniti
2 quelles fussent. — Pour moi je crainds les dieu:
3 quoiqu'il men coûte, je serai fidel au roi qu'
5 mont donnés. — Je vous laisse a panser en qu'el
1 état j'étois dans celte conjoncture, moi qui n'avc
4 point encor naviguer, et a qui si peut de cho
4 avoit déjà cosé une tel épouvente. — Quoiqu'
2 veulle faire, il n'entreprendera jamais rien q
5 soit audessu de ses forses. — Quelque soie le
1 fortune, elle ne suffira jamais pour une pare
1 entreprise. — En effet, dans l'étendu de près d
4 cents mille, nous ne voyons que de vastes dézer
3 pandant le jour, et nous n'entandions que ule
2 et que rugire pendant la nui. — Les Thessalier
4 aiment a l'exès le faste et la bonne chaire. — Pa
3 Télémaque, vas-t-en audelà des mers. — Il a com
3 mencé son reigne par une conduite toute oppos
1 a celle de Pygmalion. — L'oracle de Delphes lu
2 répondit : Les dieux agrént ton homage; et sou
4 leurs hospices tu formera la plus exellante de
3 constitutions politique. — La bisarerie de votr
3 cœur vous fis revenir ver moi a mesure que vou
3 voyez que je m'éloignois de vous. — Un viellar
2 vente toujour le passé. — Dans un ouvrage d
5 long alaine, il est permi de s'oublyer un moment
2 — La poësie, en sélébrant les belles actions, le
3 sauvent du tombau. — Un homme savent a tou
1 jours en lui un font de richesses.

CHAPITRE III.

Dans ce chapitre les fautes ne sont indiquées par aucun signe.

I.

Des chasseurs poursuivoit une biche. Celleci se sauvat dans une vigne, et si cacha si bien sou le pempre, que les chasseurs, qui l'avoit perdu de vu, rebrousèrent chemein. Cepandant la biche, qui se croyioit or de dangé, rongoit les seps qui la couvroit. Se fût pour son maleur ; car des quelle les eût dépouilliée de leur feuilles, elle parue tellement a découver, que les chasseurs l'appersurent en se retirants. Alors ils retournèrent sur leur pas, ataignirent la biche, et la tuèrent.

II.

RACINE A MADAME DE MAINTENON.

Je vous assure, madame, que l'état ou je me trouve est très digne de la compation que je vous ai toujour vu pour les maleureux. Je suis privé de l'honeur de vous voir ; je n'ause presque plus conter sur votre protexion, qui est pourtant la seulle que j'ai tachée de mérité. Je chercherois dumoin ma consolation dans mon travaille ; mais jugé qu'elle amertume doit jetter sur ce travaille la pansé que ce même grand prince, don je suis continuellement ocupé, me regarde peutêtre comme un homme plus digne de sa colaire que de ces bontées.

III.

Les fleurs contenploit la rose, et trouvoit dans ces nuanses un écla si vife qu'elles lui sédoient presque sans envi le prix de la beautée. Non, lui disoit-elle toutes d'une voie, notre colori n'est n'y si rare n'y si beau; nous n'exallons point une audeur si dousse. Trionfez, belle rose : vous mérité seulle les carresses des zéphires. Fleures, dit la rose en soupirant, lorsqu'un seule jour me vois naître et mourrir, que me serre d'être si belle? Hélas! je voudrois l'être moin, et duré, comme vous, d'avantage.

IV.

Un âne chargé de cel se plonga dans une rivière, et s'y avant que tous son cel se fondit. Quelque jours à près, comme il repassoit chargé d'éponje près du même gai, il courrut si jetter, dans la pansé que le poid de sa charge y diminuroit comme il avoit diminué la première foi; mais le contraire arriva : l'eau emplie les éponges, et de tel sorte, quelles senflèrent. A lors la charge deveint si pesente, que le bodais, qui ne pouvoit plus la soutenir, culebutta dans le fleuve, et si noya.

V.

Observer en trois semènes toute les sossiétées d'une grande vile, assigner le caractaire des propos qu'on y tien, y distainguer exactement le vraie du faut, le réelle de l'aparant, et se qu'on y dit de se qu'on y pause : voilà se qu'on acuse les François de faire quelques fois chez les autre peuples, mais se qu'un étrangé ne doit jamais faire chez eux ; car ils vallent bien la paine d'être étudié pausément. Je naprouve pas n'on plus qu'on disent du male du péis ou lon vit et ou lon est bien trêté ; j'aimerois mieu qu'on se laissa trompé par les aparances que de moraliser au dépend de ces hautes. En fin je tiens pour suspec tout observateurs qui se piquent d'esprit : je craind toujour que, sans y songer, il ne sacrifit la vérìtée des chauses a l'écla des pensées, et ne face joué la frase au dépend de la justice.

VI.

Oh ! qu'il est doux pour un cœur bien né d'être obliger d'aimer se qu'il aime, de pouvoir satisfaire à la foi et sa tandresse et sa vertue ! La seulle reconoissance, si cher pour les belles ames, sufit a leur félicitée : mais quant l'obget qui la fait nêtre nous atire encore par d'autre liens ; quant le bienfaiteur est émable, et qu'un charme secret vient se joindre a l'impression tandre que laisse les biens faits, nul bonheur ne peut égallé ce lui que procure ses deux sentiments, nul jouissance ne peut valloir l'heureux acort d'un plésir pure avec un devoir sacré.

VII.

Si vous ne savez rien du détaille de la mort de M. de Melun, en voici quelque particullarités :

Samdi dernié il courroit le serf avec M. le duc ; ils en avoient déjà pris un, et en courroit un segond. M. le duc et M. de Melun trouvaient dans une voix étroite le serf qui venoit droit a eux : M. le duc eût le temps de ce renger ; M. de Melun cru qu'il auroit le temps de croiser le serf, et pousa son cheval. Dans le moment le serf l'atégnit d'un coup d'endouiler si furieu, que le cheval, l'homme et le serf, en tombairent tout les trois. M. de Melun avoit la ratte coupé, le diafragme persé, et la poitrine refoullé. M. le duc qui étoit seule auprès de lui, benda la playe avec son mouchoire, et y teint la main pendant trois quart d'heures. Le blessé vaicu jusqu'au lundi suivant qu'il expirât, a six heurs et demis du matin, antre les bras de M. le duc, et a la vue de toute la coure, qui étoit consterné et atandri d'un spectacle si tragic, mais qui l'oublira bientôt. Des qu'il fût mort, le roi parti pour Versailles, et donna au conte de Melun le régimant du défun, Il est plus regreté qu'il n'étoit aimé : s'étoit un homme qui avoit peut d'agrément mais beaucoup de vertue, et qu'on étoit forcé d'estimé.

VIII.

J. B. ROUSSEAU A M. BOUTET.

Il est vraie, monsieur, que je n'ai pas toujour été exacte a répondre a M. votre fils; mais la plus par des choses qu'il ma demandé n'étoit pas tout jours de nature a faire la matière d'une laitre. Je me suis mal trouvé d'avoir écri trop libiement mes pansés a mes amis: le papié perse, et il m'est revenu souvant de Paris des copies de mes lètres qui mont ocasionnées bien des chagrains. Le manque de prévoyence dans les amis fait quelques fois le même éfet que la movaise volonté.

Je n'atribus qu'a la première raison les movais ofices que ma rendu un ami don M. vôtre fils m'a procurer la conoissance, et avec qui je n'ai garde de le confondre. Mais quel que persuadé que je soie de sa discression, et quelle que confience que j'ai eu lui, je n'auserai jamais lui promètre de lui écrir tous se que je pourois lui dire si nous étions fasse à fasse. J'espaire de son indulgeance qu il voudra bien passer cette petitte réserve a un homme qui resemble au chat échodé, sur que je ne l'étanderai pas audelà des bornes permises a l'amitiée, et charmé d'alieurs d'entretenir un commerce de lettre avec le fils d'un autre moi-même. Adieux, chère et parfait ami : les parolles me manque; et plus je suis contant de mon cœur, moin je le suis de ma plume.

I X.

On sai l'istoire de ce paje qui, a la tenue d'un lit de justice a Versailles, se gliça dérière la tapisserie, et y acrochat la péruque du premié présidant. Quant le roi paru, ce majistra se lève, et ne laisse voir qu'une tête chôve. Sir, dît M. de Harlai sans ce déconcerté, je croyiois saluer V. M. en premié présidant; je ne puis le faire qu'en enfant de cœur. On ri de cet expiéglerie du paje; mais en fin il faloit une réparation : le roi lui ordonnat d'aler faire des escuses au chef du parlement. L'étourdie monte a cheval au millieu de la nui, cour a l'autel du premié président, s'anonse de la par du roi, et fait éveillé le majistra, auquel il présente ses très umbles escuses, M. de Harlai lui dit d'un grand sens froit que la réparation étoit pir que la faute, et il s'ala remètre au lit, tendis que le page courrut amusé ces camarades de cette nouvelle folie.

X.

Le lésart gri parroit être le plus doux, le plus inocent, et l'un des plus utile des lésarts. Ce jolie petit annimal, si connu dans le pays ou nous écrivons, et avec le quel tant de personnes on jouées dans leur enfence, n'a pas reçut de la nature un vettement ausi éclatant que plusieurs autre quadrupaides ovipar; mais elle lui a donnée une parrure éléguante : sa petite taille est svelte, son mouvement agil, sa cource si pronte, qu'il échape a l'œuil ausi rapidement que l'oiseau qui volle. Il aime a resevoir la chaleure du soleil : ayant besoin d'une tenpérature dousse, il cherche les abrits ; et l'orsque dans un beau jours de primtemps, une lumière pur éclair vivement un gason en pante, ou une muraille qui oguemente la chaleur en la réfléchissant, on le voit sétandre sur ce mure, ou sur l'erbe nouvelle, avec une espesse de voluptée. Il se pénaitre avec délisse de cette chaleure bien faisante ; il marque son plésir par de moles ondulations de sa queu délié ; il fait brillier ses yeux vifes et animé ; il se présipite comme un trait pour sésire une petite proit, ou pour trouver un abrit plus comode. Bien loin de s'en fuire à la proche de l'homme, il paroît le regarder avec conplaisance ; mais au moindre brui qui l'effreit, a la chutte seul d'une feuille, il se roule, tombe, et demeure pandant quelques instents comme étourdit par sa chutte ; ou bien il sélance, disparoît, se trouble, revien, se cache de nouvau, reparoît encor ; décrit en un instant plusieur sircuis tortueux que l'œil à de la peine a suivre, se replit plusieures fois sur lui-même, et se retire en fin dans quelque aziles, jusqu'à se que sa crinte soie dissipé.

XI.

MORT DE TURENNE.

Cette funeste nouvelle se répendit partoute la France, comme un brouilliart épait qui couvrit la lumière du siel, et remplie tout les esprits des ténaibres de la mort : la terreure et la consternation la suivoit. Personne n'apris la mort de M. de Turenne, qu'il ne cru dabort l'armé du roi taillié en pièce, nos frontières découverte, et les énemis près a pénétré dans le cœur de l'état ; en suite, oublyant l'intérêt générale, on étoit sencible qu'à la perte de ce grand homme : le réci de ce funeste accidant tirat des plintes de toute les bouches, et des larmes de tout les yeux. Chaqu'un a l'envie faisoit gloire de savoir et de dire quelleque particularité de sa vie et de ces vertues : lun disoit qu'il étoit aimé de tous le monde sans intérêts ; l'autre, qu'il étoit parvenu a être admirer sans envie ; un troisième, qu'il étoit redouter de ces énemis sans en être haïs Mais en fin se que le roi sénti sur cette perte, et se qu'il dit a la gloire de cet illustre mort, est le plus grand et le plus glorieux éloge de sa vertue. Les peuples répondirent a la douleure de leur prince : on vi dans les viles par ou son corp à passé les même sentiments qu'on avait vu autre fois dans l'empir romain l'orsque les sendres de Germanicus furent porté de la Syrie au tombau des Césars. Les maisons étoit fermé; le triste et moine cilence qui régnoient dans les places publics, n'étoit intérompu que par les jémissements des abitants; les magistras en deuille ussent volontié prêtés leurs épôles pour le porté de ville en ville; les prêtres et les religieux a l'envie l'acompagnoit de leur larmes et de leur prières; les villes pour lesqu'elles ce triste spectacle étoit tout nouvaux, faisoit paroître une douleure encore plus véémante que ceux qui l'acompagnoit; et comme si, en voyant son sercueil, on l'eu perdu une segonde fois, les cries et les larmes recommansoit.

XII.

LA MOUCHE ET LA FOURMI.

La mouche prétendoit avoir des avantages qui rendoit sa condision fort supérieure a celle de la fourmis. Ce n'est pas sans raison, lui disoit elle avec orgeuiel, que je crois l'emporter sur toi. Considère qu'elle est ma vie: qu'elle créature vie plus noblement que moi? Je ne travail point; j'entre partout ou il me plais, dans les palais, dans les temples; et de quelle viande je mi nourri! dieu le sait. Sur quelle bouche, sur quelle sain ne puije me reposer? et tu voudrois, après cela, miserable, te comparer a moi! toi qui, tapis dans un trou, ni supsiste qu'a peine de quelques grains a de mis pouris, et encore ne les atu qu'a force de traveaux et de fatigues. Il est vrais, répliqua la fourmis, que tu abite des palais; mais on ne ti regarde que comme une importune. C'est belles dont tu dérobes les faveur, te chasses et te maudices. Je convient qu'en ete tu fait melieure chaire que moi; mais aussi en hiver comment vi tu? ten dis que, relegué par le frois au fount de quelles que muraille, tu imourra de faim et de misères, je vivrois, moi, sous terres, de mes provisions, et j'y jouirai; malgré la rigueur de la saisons, des fruis de mon travail. Cesdonc, feneantes, de me mepriser : si ta fason de vivre est plus noble, la mienne est moins a charge et plus sures.

XIII.

Avant qu'on eut invanté les cignes représantatif des richesses, elles ne pouvoient gaire consisté quand terres et en bestieaux, les seules biens que les hommes puissent posséder. Hors, quant les éritages ce furent acru en nombre et en étandu au poin de couvrire le sole entié et de se touché tous, les un ne purent s'aggrandirent qu'au dépend des autres; et les surnuméraires que la féblesse où l'indolanse avoit empêchée d'en aquérir a leur tour, devenu pauvre sans avoir rien perdu, parceque, tout changant au tour d'eux, eux seul n'avoient point changés, furent obligé de recevoir ou de r'avire leur subsistence de la main des riches : et delà commencèrent a naître selon les diverses caracterres des uns et des autres la domination de la cervitude, ou la violance et les rapines. Les riches de leur côté, connurent apeine le plaisir de dominé, qu'ils dédégnèrent bientôt tout les autres; et se servant de leur ensiens esclaves pour en soumètre de nouvau, ils ne songèrent qu'à subjuguer et asservir leur voisins : semblable à ses loups afamés qui, ayant une foi gouttés de la chaire humaine, rebutte tout autre nourriture, et ne veullent plus que dévorer des hommes.

XIV.

Plusieurs écrivins d'un mérite distingué ont entreprit de nous donner la vie de Fénélon; mais quel qu'estimable que soie leur travaille, l'étandu du plant qu'ils s'étoient formés ne nous permettoient pas d'adopter, au commencement de cette nouvelle édition du Télémaque, auqu'une des vies de Fénélon qui ou parues jusqua ce jours, et que nous avons eus soin d'indiqué dans la liste des éditions de cette ouvrage. Un précit court sufisoit a la tête d'un livre destinée principallement à l'instruction de la jeunesse, et nous avons crus que le réci simple et fidel des principaux événements de la vie de Fénélon, étoit en même temps le plus belle éloge que lon pouvoit faire de ce grand homme. Ce que nous en raporteront, daprès le témoignage de quelques uns de ces illustres contemporin, suffira pour prouvé que si ces écris lui donne le reng le plus distingué parmis les gens de lettre, ses vertus éroïques l'on rendues dignes du respec et de la vénération de tout les sciècles. Ce ne seroit même pas louer assés ses ouvrages, que de les concidérer uniquement du cauté du mérite litéraire, puisque la plus part lui furent dicté par l'amour le plus tandre et le plus ardant pour l'umanité, qui à toujours été l'unique but qu'il c'est proposé dans tous se qu'il a fait, comme dans tous se qu'il a écri.

XV.

La fable est sendoute aussi vielle que le monde; elle conserve et conservera toujour son empir : nous l'aimons, nous sommes né pour elle. S'est une immortel dont la voie mansonjère en tous temps nous charmes et nous amuses : s'est une anchanteresse qui nous entoures de prestige; qui, a des réalitées, substitut, ou du moins ajoutte des chimaires agréables et riantes; et qui cepandant, soumise a l'istoire et a la filosofie, ne nous trompe jamais que pour mieux nous instruient. Fidel à conserver les réalités qui lui sont confiés, elle couvre de son envelope céduisante et les lesons de l'une et les véritées de l'autre.

Son septre anchanteur ne fait que des miracles et ne produi que des métamorfoses. Elle nous trensportes d'un monde ou nous somme toujours mals dans un autre monde qui, créé par l'imagination, a tous ce qu'il faut pour nous plaire. Elle embélie tous ce quelle touche : si elle racconte, elle saime les merveilles, les prodiges, pour ataché la curiosité, pour gravé dans la mémoire; si elle trasse des lesons; s'est d'une main si légère que l'orgueil n'en est pas attaind. Elle se joue au tour de la vérité pour ne la laissé voir qu'a la dérobé : et soi qu'elle est voulue, ou nous agrandire, ou nous consolés. elle prend ses examples dans des espesses privilégiés, dans une race divine qu'elle ellève exprès audessu de la foible umanité; tantôt nous conduisant à la vertue par ces examples illustre, tantôt carressant notre féblesse, orgueillieuse de retrouvé nos passions et nos fautes dans la perfection même.

XVI.

La Suède et la Finlande compose un roiaume large d'environs deux cent de nos lieux, et long de trois cent. Il s'étant du midy au nort, depui le cinquente-sinquième degrés, ou a peu près, jusqu'au soisante et dizième, sous un clima rigoûreu, qui n'a presque n'y primtems n'y autonne. L'ivert y reigne neuf mois de l'anné : les chaleurs de l'été y succèdent tout a coup a un froit exècif;

et il y gelle des le mois d'octobre, sans auq'une de ses gradations insencible qui amène allieur les saisons, et en rendent le changement plus doux. La nature, en récompanse, a donnée a ce clima rude un siel serin, un air pure. L'été, presque tout jours échoffée par le soleil, y produi les fleures et les fruits en peu de temps. Les longues nuis de l'yvert y sont adoucis par des aurores et des erépusculs qui durent a proportion que le soleil s'éloigne moin de la Suède; et la lumière de la lune, qui ni est obscurcit par auqu'un nuages, ogmanté par le reflait de la naige qui couvre la terre, et très souvant par des feus semblable a la lumière zodiacalle, fait qu'on voiage en Suède la nui comme le jours. Les bestiaux y sont plus petit que dans les pays méridionnaux de l'Europe, faute de pâturage. Les hommes y sont grand; la cérénité du siel les rends scins, la rigeur du climat les fortifient : ils vivent lontems, quant ils ne s'afeiblissent pas par l'usage immodéré des liqueures fortes et des vins, que les nations septentrionnals s'emblent aimer d'autant plus que la nature les leurs a refusée.

XVII.

Déjà mon radot étoit assés fort pour porter un poid résonnable; il ne sagissoit plus que de voir de qu'oi je le chargeroit, et comment préservé cette charge de l'insulte des eaux de la mère;

mais je ne m'arrettai pas baucoup à cette considération; et dabort je mis desus toute les planches que je pu trouvé; en suite, après avoir bien considérer se dont j'avois le plus besoin, je commansai par prandre trois cofres de matelau que j'avois ouvert en forsant les sérures, et que j'avois en suite vidé, et puit je les dessendit avec une corde sur mon radot. Dans le premié, je mis des provisions, sçavoir, du pain, du rit, trois fromage de Hollaude, cinq piesses de bouc saiché, la qu'elle viande faisoit notre principalle nouriture, et un petit reste de bled d'Europe, qu'on avoit mis a part pour entretenir quelles que volailles, que nous avions embarqués avec nous, mais qui de puis long-temps avoit étés tué; il y avoit ausi une sertaine cantité d'orge et de froman mêlé ensembles; mais, a mon grand regret, je vis que ce là avoit été mangé et gâté par les rats. Quand à la boisson, je trouvé plusieur bouteilles qui étoit a notre maitre, dans les quels il y avoit quelques aux cordialles, et environs vingt-quatre de rack : j'arrengai ce ci séparément, par ce qu'il n'étoit pas besoin n'y même posible de les mettres dans le cofre. Pendant que j'étois ocuppé à faire ses choses, je m'appersu que la maré commançoit à montée, quoi que pésiblement; et j'us la mortification de voir mon abit, ma veste, et ma chemise, que j'avois laissé sur le rivage, floter et sen aller au grès de l'eau: pour ce qui est de ma culote, qui n'étoit que de toille, et ouverte à lendroit des genous, je ne la quitée pas, non plus que mes bas pour nagé j'usqua bort. Quoiqu'il en soit, cette accidant me fit aler a la quaite des hardes; et je ne fus pas long-tems a fouillier pour voir que je pouvois ésément réparé ma perte avec uzure : mais je me contenté de prandre se dont je ne pouvois absolument me passé pour le présant, parcequ'il y avoient d'autres choses que j'avois baucoup plus a cœur. De ce nombre étoit des outis pour travaillier quant je serois à terre, et à près avoir lontemps chercher, je trouvai en fin le cofre du charpantié. Ce fût un trésort pour moi, mais un trésort beaucoup plus prétieux que ne l'auroit été pour lors un vessaux tout chargé d'or : je le dessaudis, et le pausé sur mon radau telle qu'il étoit, sans perdre de temps a regardé de dans ; car je savois en gros se qu'il contenoit.

XVIII.

La chause que je desirois le plus après celle la, s'étoit des munissions et des armes. Il y avoit dans la chanbre du capitène deux fusis forts bons, et deux pistolais : je men sésis d'abord, comme ausi de quels que cornets a poudre, d'un petit saque de plon, et de deux vielles épés rouyées. Je savois qu'il y avoit quelle que par trois baris de poudre; mais j'ignorois en qu'elle androit notre canonier les avoient serré. A la fin pour tant je les detèrai après avoir visiter les coins et les recoins. Il y en avoit un qui avoit été mouillié : les deux autres étoit sec et bons, et je les placés avec les armes sur mon rad'eau. A lors je cru m'être munit d'assé de provisions : il ne me restoit plus de soussi que pour les conduirent jusqu'a terre; car je n'avois n'y voille, n'y rame, n'y gouvernaille, et la moindre boufé pouvoit submergé ma carguaison toute entière.

Trois choses relevoit mes espérences : en premié lieux, la mer, qui étoit tranquile; en segond, la marré, qui montoit et portoit a terre; et en troizième lieu, le vent, qui, tout feible qu'il étoit, ne laissoit pas d'être favorable. Je trouvai encor deux ou trois rames a motié rompu et dépandante de la chaloupe, qui me servir de r'enfort, et deux sies, une bisaiguë avec un martau, que j'ajouttai à ma carguaison; après quoi je me mis en mère. Mon radau voga très bien l'espasse d'environ un mil; seullement je m'apperçu qu'il dérivoit un peut de lendroit ou j'avois pri terre au paravent : ce la me fis jugé qu'il y avoit un courrant d'eau; et parconséquant j'espérois de trouver une baye, où une rivière qui me tiendroit lieux de port pour débarqué ma carguaison.

XIX.

Télémac, voyant les trois juges qui étoient ascis, et qui condanoient un homme, ausa leurs demender qu'el aitoit ses crimes. Aussi tôt le condamné prenant la parole, s'écria : je n'ai jamais fait aucun mal ; jé mis tout mon plaisir a fair du bien ; je été magnifique, liberal, juste, compatisant : que peuton donc me reprocher? Alors Minos lui dit : on ne te reproche rien a l'égard des hommes ; Mais ne deves-tu pas moins aux hommes que aux Dieux ? quel est donc cette justice dont tu te vente? tu n'a manqué a aucun devoir en ver les hommes, qui ne sont Riens ; tu as été vertueux, mais tu a raporté toute ta vertu a toi même, et non aux Dieux, qui te lavoit donnée ; car tu voulois jouir du fruit de ta propre vertu et te renfermer en tois même : tu as été ta devinité. Mais les Dieux, qui ont tous fait, et qui non riens fait que pour eux même, ne peuvent renoncer a leur droits ; tu les as oubliés ; ils te oublieront ; ils te livreront a toi même, puisque tu as voulus etre a tois, et non pas a eux. Cherche donc mentenant, si tu le peus, ta consolation dans ton propre cœur. Te voila à jamais separé des hommes, aux quels tu a voulus plaire ; te voila seul avec toi même, qui etet ton idol : apprend qu'il n'y a poins de véritable vertus sans le Respect et l'amour des Dieux, a qui tout est dû. Ta fausse vertu, qui a long-temps éblouit les hommes, facils a tromper, va être confondue. Les hommes, ne jugant des vices et des vertus que par ce qui les chauque ou les accomode, sont aveugle et sur le bien et sur le mal : ici une lumière divine renverce tout leur jugement superficiel ; elle condamne souvant ce qu'ils admirent, et justifient ce qu'il condam•e.

XX.

Sous le paule arctic, aux extrémitées du monde connu, et au couchant de l'astre du jours, est une pleine inculte et arride, ou le Temps, monstre crée avec la Terre, reigne despotiquement. Ce fière tirant de tous se qui respire, ellevé sur une collone de marbre-blanc, étalle sur un même frond les grasses de l'adolessance et les rides de la viellesse. Son visage, mipartit par une longue barbe grize, laisse voire une décrépitude parfaitte a coté de l'embompoint de la jeune virillité; son corp, toujour prêt a vollé, ne porte que sur un pié, qu'il apuit légèrement sure une orloge de sable ; les Heures, qui le fonts coullé, en content scrupuleusement tout les grins ; lui-même il tient une feau trenchante dans ces mains, et de ses yeux persans, qui ne se livres jamais au someille, il choïsi ses victimes dans la multitude innoubrable de mortels supliant qui implore sa pitiée. Mais ce monstre égallement dure et sourt, sans égare n'y pour l'âge qu'il affébli, n'y pour les conditions qu'il annéanties, ni pour les sexces qu'il confont, ni pour la bauté qu'il flétrie, ni pour l'esprit qu'il énerve, agittant ses ailles longues et bleâtres, chasse loin de lui les jours, les mois, les annés, et frape indistinglement tantôt un fils unique, l'espérense de toute une famille, tantôt un monarquè chérit qu'il pressipite du trône presque aussitôt qu'il y ait monté : quelquefois il arache une jeune épouse du lie nupcial, et change la joie d'un doux iméné en pompe funaibre. Souvant il épargne un viellar caduque et gouteu pour tranché les jours d'un jeune homme sein et robuste. Il ne laisse en fin tomber sa faut meurtrière sur les viellarts qui l'environne que lorsque son bras apesentit de lacitude ne peut s'étandre au loing pour choisire ces victimes. Alors ils tombent, semblables au feuilles jonâtres que le soufle du rigoureux acquillon secout des harbres sur lá fin de l'autonne.

XXI.

Tel sont les jeux cruelles qui amuse le Temps, lorsque de sa faut senglante il frape les victimes. L'afreux contrecou qui les livrent à la Mort, empressé de les enlevés, leur ouvrent ces noirs barières qui servent de porte a l'éternitée. S'est par la que les ames antrent dans cette empire immance, d'ou nulle mortel ne peut revenir à la lumière. Son insassiable vorassité ne se borne pas au feibles mortels ; empires, roiaumes, républiques, villes, temples, palaits, tout éprouvent sa daut de fer. Les monuments respectable de l'art ne sont pas plus respecté que les chefs-d'euvres de la nature : au tour de lui sont entacés les débrits des dignitées et des grandeurs umaines, courones fracacés, septres brisés, trônes mis en poudre, et sur les ruines des quelles il élève d'autre trônes qu'il r'enverse incontinant. Il se fit un jeu d'élever les quatres grands empirs du monde, de les détruires tour-à-tour, les un par les autres, et d'en faire disparètre les nations. Devent lui passe rapidement les générations, les viellards poussés par les hommes d'un âge virile, et ceux-ci par des anfants. Telle est le Temps, qui anglouti et dévor tout; mais à la fin des sciècles, ce monstre, dévoré lui-même, expirera au portes de l'éternité.

XXII.

L'OMBRE DE FABRICIUS AUX ROMAINS.

Oh Fabricius ! qu'eut pansé votre grande ame, si, pour votre malheur, rapellé a la vie, vous ussiez vue la face pompeuse de cette Rome sauvé par votre bras, et que votre non respectable avoit plus illustré que toute ses conquettes? Dieux ! ussiez-vous dits, que son devenu ces tois de chôme et ces foyés rustics qu'abitoit jadis la modération et la vertue ? Qu'elle splandeur funeste a succédée à la simplicité romaine ! Qu'elle est ce langage étrangé ? Qu'elles sont ses meurs éféminés ? Que siguifie ses statues, ses tablaux, ses édifices ? Insencés ! qu'avez-vous faits ? Vous, les maîtres des nations, vous vous êtes rendu les esclaves des hommes frivols que vous avez vincu ; se sont des rétheurs qui vous gouvernes : s'est pour enrichir des architectés, des pintres, des statuères, et des istrions, que vous avez arosés de votre sang la Grèce et l'Asie. Les dépouilles de Carthage sont la proix d'un joueur de flutte. Romains, âtez-vous de renvercé ses enfitéâtres ; brisez ses marbres, brullez ses tablaux, chassez ses esclaves qui vous subjugues et dont les funestes arts vous corompes. Que d'autres mains s'illustrent pas de veins talants : le seule talant digne de Rome est ce lui de conquerrir le monde, et di faire régné la vertue. Quand Cynéas pris notre cénat pour une assamblé de rois, il ne fût éblouit, ni par une pompe veine, ni par une éléguance recherché ; il ni entendit point cet élocance frivolle, l'étude et le charme des hommes futils. Que vit donc Cynéas de magestueux ? Oh citoyens, il vit un spectacle que ne donnerons jamais vos richesses, ni tout vos arts, le plus beau spectacle qui est jamais parut sous le ciel, l'assamblé de deux cent hommes vertueux, digne de commander à Rome et de gouverné la terre.

XXIII.

Périclès s'apperçu de bonheur que sa naissance et ces richesses lui donnoit des droits et le rendoit suspec. Un autre motife ogmantoit ses allarmes. Des viellards qui avoient connus Pisistrate, croyoient le retrouver dans le jeune Périclès; s'étoit, avec les même trets, le même son de voie, et le même talant de la parolle: il faloit se faire pardonné cette resemblance, et les aventages dont elle étoit accompagné. Périclès consacra ces premières annés a l'étude de la filosofie, sans se mellé des afaires public, et ne paroissant embitionné d'autre distingtion que celle de la valeure.

Après la mort d'Aristide et l'exile de Thémistocle, Cimon pris les raines du gouvernement; mais souvant ocuper d'expéditions lointeines, il laissoit la confiense des Athéniens floter entre plusieur concurants incapable de la fixée. On vit à lors Périclès se retiré de la sossiété, renonser aux plésirs, atirer l'atantion de la multitude par une démarche lante, un maintient descent, un extérieure modeste, et des meurs irréprochables. Il parrût en fin à la tribune, et ses premiés essaits étonnèrent les Athéniens. Il devoit à la nature d'être le plus élocant des hommes; et au travaille, d'être le premié des horateurs de la Grèce.

Les maîtres sélèbres qui avoit ellevés son anfanse, continuant à l'éclairé de leur conseilles, remontoit avec lui aux principes de la moral et de la politique : son géni s'aproprioit leur connoissances; et delà cette profondeur, cette plainitude de lumières, cette force de stil, qu'il savoit adoussir au besoin; ces grasses qu'il ne négligoit point, qu'il n'afecta jamais; tant d'autre calités qui le mirent en état de persuadé ceux qu'il ne pouvoit convincre, et d'entrêner ceux mêmes qu'il ne pouvoit n'y convincre n'y persuader.

XXIV.

On trouvoit dans ses discours une magesté imposente, sous laqu'elle les esprits restoit acablé : s'étoit le fruit de ses conversations avec le filosofe Anaxagore, qui, en lui dévelopant le prinsipe des aitres et des fénomènes de la nature, sembloient avoir agrandit son ame naturellement ellevé.

On étoit pas moin frapé de la dextérité avec la quelle il pressoit ses adversères, et se déroboit à leur poursuittes : il l'a devoit au philosofe Zénon d'Élée, qui l'avoit plus d'une foi condui dans les détours d'une dialectique capcieuse, pour lui en découvrir les issus secrettes.

Aussi lun des plus grands antagoniste de Périclès disoit souvant : « Quant je l'ai térassé, et que je le tient sous moi, il s'écrit qu'il n'est point vincu, et le persuade a tous le monde. »

Périclès connoissoit trop bien sa nation pour ne pas fondé ces espérenses sur le talant de la parolle; et l'exellance de ce talent, pour n'être pás le premié à le respecté. Avent que de parroître en publique, il s'avertissoit en secret qu'il aloit parler a des hommes libre, a des Grecs, a des Athéniens.

Cepandant il s'éloignoit le plus qu'il pouvoit de lá tribune, parceque, toujours ardant a suivre avec lanteur le proget de son élévation, il craignoit d'éfasser par de nouvaux succèls l'imprétion des premiés, et de porter trop taut l'admiration du peuple à se point d'ou elle ne peu que dessandre. On juja qu'un horateur qui dédégnoit les applodissements dont il étoit assurés, méritoit la confience qu'il ne cherchoit pas, et que les affaires dont il faisoit le rapport devoit être bien importante, puisqu'elles le forçoit à rompre le cilense.

On consut une haute idé du pouvoir qu'il avoit sur son ame, lorsqu'un jours que l'assamblé se prolonga jusqu'à la nui, on vit un simple particulié ne sesser de l'interrompre et de l'outragé, le suivre avec des ingures jusque dans sa maison; et Périclès ordonner froidement a un de ses esclave de prendre un flambau et de conduire cette homme chez lui.

XXV.

Après la mort de Cimon, Thucydide, son baufrère, tacha de r'animé le partit chanselant des principeaux cytoyens. Il n'avoit pas les talents militaire de Périclès; mais ausi abille que lui a manié les esprits, il miuteint pandant quelques temps l'équilibre, et fini par éprouvé les rigeurs de l'exile.

Des ce moment, Périclès changa de systhème: il avoit subjugué le partie des riches en flatant la multitude; il subjuga la multitude en répri-mant ses caprisses, tantôt par une oposition invisible, tantôt par la sagesse de ses conseilles, ou par les charmes de son élocance. Tout s'opéroient par ses volontées; tout se faisoient, en aparanse, suivant les reigles établis; et la liberté, r'assuré par le mintient des formes républiquaines, expiroit, s'en qu'on s'en apersu, sous le poid du géni.

Plus la puissance de Périclès ogmantoit, moins il prodigoit son crédit et sa présance. Renfermé dans un petit sercle de parants et d'amis, il veillioit, du font de sa retrette, sur toute les parties du gouvernement, tendis qu'on ne le croiyoit ocuper qu'à passifier ou boulverser la Grèce. Les Athéniens, docils au mouvement qui les entraînoient, en respectoit l'auteur, parce-qu'ils le voiyoit rarement imploré leurs sufrages; et, aussi exessif dans leurs expressions que dans leurs sentiments, ils ne représantoient Périclès que sous les trais du plus puissant des dieu. Faisoit-il entandre sa voie dans les ocasions escensiels, on disoit que Jupiter lui avoit confier les éclaires et la foudre. N'agissoit-il dans les autre que par le ministère de ces créatures, on se rapelloit que le souverin des dieux laissoient a des génis subalterne les détailles du gouvernement de l'univer.

XXVI.

J. J. ROUSSEAU A LA CAMPAGNE, S'IL ÉTOIT RICHE.

Comme je serois peuple avec le peuple, je serois campagnart aux champs; et quand je parlerois d'agriculture, le paysant ne se mocqueroit pas de moi. Je n'yrois pas me bâtire une vile en campagne, et mètre au font d'une provinse les thuilleries devent mon appartement. Sur le panchant de quelque agréables colines bien ombragé, j'aurois une petite maison rustic, une maison blanche avec des contres-vens verd; et quoi qu'une couverture de chôme soit en toute saison la mellienre, je préferrerois magnifiquement, non la triste hardoise, mais la thuille, parcequ'elle a l'air plus propre et plus gué que le chôme, qu'on ne couvre pas autrement les maisons dans mon péis, et que ce là me r'apeleroit un peut l'heureux tems de ma jeunesse. J'aurois p ur coure une bascoure, et pour écurie une étable avec des vaches, pour avoir du létage, que j'aime baucoup J'aurois un potagé pour jardin, ét pour parque un jolie vergé. Les fruits, a la discression des promeneurs, ne seroit ni contés ni cueillis par mon jardinié, et mon avare maguifisence n'étalleroit point aux yeux des espalliés superbes au quels apeine on ausa touché. Hor, cette petite prodigualité seroit peu coutteuse, parceque j'aurois choisis mon azille dans quelques province éloigné ou l'on voit peu d'argant et baucoup de danrés, et ou reigne l'abondance et la peauvreté.

XXVII.

La, je rasemblerois une sociétée plus choisi que nonbireuse, d'amis aimants le plaisir, et si connoissants, de fammes qui pussent sortirent de leur fauteuille et se pretter au jeux champaîtres, prandre quelquefois, au lieu de la navette et des cartes, les glueaux, le ratau des fanneuses, et le pannié des vandangeurs. La, tout les airs de la ville seroit oublié; et, devenu vilagois au vilage, nous nous trouverions livré a des foulles d'amusements diverts, qui ne nous donneroit chaque soirs que l'embaras du choi pour le landemin.

L'exersice et la vie active nous feroit un nouvelle estomat et de nouvaux goux. Tout nos repats seroient des festains, ou l'abondance plairoit plus que la déliquatesse. La gaitée, les traveaux rustics, les follâtres jeux, sont les premiés cuisiniés du monde ; et les ragoux fin sont biens ridiculs a des gens en allaines de puis le levé du soleil. Le servisse nauroit pas plus d'ordre que d'éléguanse ; la sale a mangé seroit par tout, dans le jardin, dans un battau, sous un harbre, quelques fois au loin, prêt d'une sourse d'eau vive, sure l'erbe verdoiante et frêche, sous des toufes d'aunes et de coudriés ; une longue prossession de gués convives porteroit en chantants l'après du festain ; on auroit le gason pour table et pour chèse, les borts de la fontaine serviroit de bufait, et le dessert panderoit aux arbres. Les mais seroient servi sans ordre, l'apéti dispanceroit des fassons ; chaqu'un, se préférent ouvertement à tout autres, trouveroit bon que tout autres se preféra de même a lui ; de cette familliarité cordialle et modéré nêtroit sans grossiertée, sans fosseté, sans contrinte, un confli badain, plus charmant cents fois que la politesse, et plus fait pour lié les cœurs.

XXVIII.

Point d'importun laquets épiants nos discours, criticant tout bas nos mintients, contant nos morseaux d'un œuil avide, s'amusant a nous faire atandre a boire, et murmurant d'un trop long dîner. Nous serions nos vallais pour être nos maîtres ; chaqun seroit servit par tous ; le temp passeroit sans le conter ; le repa seroit le repot, et dureroit au tant que l'ardeure du jour. S'il passoit près de nous quelques päysants retournant au travaille, ses outis sur l'épôle, je lui rejouiroit le cœur par quelque bons propos, par quelque cous de bon vin, qui lui feroit porter plus guément sa misère ; et moi j'aurois ausi le plaisir de me sentire émouvoir un peut les antrailles, et de me dire en secret, Je suis encor homme.

Si quelle que fête champaître r'asembloit les abitants du lieux, j'y serois des premier avec ma troupe ; si quels ques mariages, plus bénits du ciel que ceux des villes, se faisoit a mon voisinage, on soroit que j'aime la joie, et j'y serois inviter. Je porterois a ses bonnes gens quelques donts simples comme eux, qui contriburoit à la fête, et j'y trouverois en échenge des biens d'un pris inestimable, des biens si peu connu de mes égaux, la franchise et le vrait plésir. Je souperois guaiment au bou de leur longue table ; j'y ferois corus au refrin d'une vielle chanson rustique, et je danserois dans leur granje de mélieur cœur qu'au balle de l'opérat.

XXIX.

LE PRINTEMPS DU CLIMAT DE LA GRÈCE.

Dans l'heureux clima que j'abite, le printemps est comme l'horore d'un beau jours : on y joui des biens qu'il amenne et de ceux qu'il promait. Les feux du soleil ne sou plus obscursi par des vapeures grossières, ils ne sont pas encor irités par l'aspec ardant de la canicule : s'est une lumière pur, innaltérable, qui se repause doucement sur tout les obgets ; s'est une lumière don les dieux sont couronné dans l'Olympe.

Quant elle se montre a l'orison, les harbres agittes leurs feuilles nessantes ; les borts de l'Ilissus retantissent du chant des oisaux ; et les écots du mont Hymette, du son des chalumaux rustics. Quant elle est prêt de s'étindre, le ciel se couvre de voiles éteincelants, et les ninfes de l'Attique vont d'un pas timide esseyer sur le gason des danses légères : mais bientôt elle se hâte d'éclor ; et alors on ne regiète n'y la frêcheur de la nui qu'on vien de perdre, n'y la splandeur du jour qui l'avoit précédé ; il s'emble qu'un nouvaux soleil se lève sur un nouvelle univer, et qu'il aporte de l'Orient des couleurs inconnus aux mortels. Chaque instants ajoutte un nouvau trait au bautés de la nature ; a chaque instants le grand ouvrage du dévelopement des êtres avancent vers sa perfection.

Oh jours brillants ! oh nuis délicieuses ! qu'elle émotion exitoit dans mon ame cette suitte de tablau que vous offryez a tout mes sens ! Oh dieu des plésirs ! oh printemp ! je vous ai vue cet année dans toute votre gloire ; vous parcourriez en vincœur les campagnes de la Grèce, et vous détachiez de votre tête les fleurs qui devoit les embélirent : vous paressiez dans les vallés, elles se changoient en préries rientes ; vous paressiez sur les montagnes, le cerpolait et le tein exalloit mille parfuns ; vous vous elleviez dans les airs, et vous y répendiez la cérénité de vos regarts. Les amours empressés acouroit a votre voie ; ils lensoient de toute parts des traits enflâmés, la terre en étoit embrasé. Tout renaissoient pour s'embélire; tout s'embelissoient pour plaire. Telle parut le monde au sortir du cahot, dans ces moments foitunés ou l'homme, éblouit du séjour qu'il abitoit, surprit et satisfait de son existance, sembloit n'avoir un esprit que pour conoître le bonheur, un cœur que pour le desirer, une ame que pour le sentir.

XXX.

VOLTAIRE A M. THIRIOT.

Oui, je vous injurirai jusqua ce que je vous ai guéris de votre parresse. Je ne vous reproche point de soupé tout les soirs avec M. de La Poplinière ; je vous reproche de borné la toute vos pansés et toute vos espérences. Vous vivez comme si l'homme avoit été créé uniquement pour soupé, et vous n'avez d'existance que depui dix heures du soire jusqua deux heures à près minuie. Il ni a soupeur qui se couche ni bégeule qui se lève plus tart que vous; vous restez dans votre trout jusqu'a l'heure des spectacles à discipé les fumés du souper de la veille: ainssi, vous n'avez pas un moment pour panser à vous et a vos amis; ce là fait qu'une lettre devient un fardot pour vous. Vous êtes un mois entié a répondre....·. Il faut vous préparer une arièresaison tranquile, heureuse, indépandante. Que deviendrez-vous quant vous serez malade et abandonné? serasse une consolation pour vous de dire, J'ai bus du vin de Champagne autre fois en bonne compagnie? Songez qu'une bouteille qui a été faîtée quand elle étoit plaine d'eau des Barbades, est jetté dans un coin des quelle est cassé, et quelle reste en morseau dans la poussière; que voilà ce qui arive a tout ceux qui nont songés qu'à être admit a quelque soupers; et que la fin d'un viel inutil infirme est une chose bien pittoyable. Si cela ne vous exite pas a secoué l'engourdissement dans le quel vous laissez votre ame, rien ne vous guériras. Si je vous aimoit moin, je vous plésenteroit sur votre paresse; mais je vous aime, et je vous gronde, baucoup.

XXXI.

MADAME DU MAINE A MADAME DE LAMBERT.

Il s'est fait une terrible métamorfose en moi de puis votre abcense, madame ; je ne résonne plus, je n'écris plus, je crois même que je ne panse plus : s'est aprésent que je puis dire avec vérité que je suis rentré dans le néan. J'avois raison de crindre que la forme sous la quelle vous me faisiez parroître n'eut rien de réelle. Mon peauvre esprit étoit comme ses cadavres qui paressent des bautés admirables tant qu'un art magique les animent, et qui ne sont plus que des squelettes sitôt que le charme est finit. Je suis présisément comme ses gens qui sortes d'un someille pandant lequelle ils croyent avoir des richesses en abondance, et qui sont au déses-poire, a leur réveille, de se trouver aussi pauvre qu'au paravent. En vérité, ma dame, il y auroit trop de cruotée à me laissée lontemps dans cette situation. Je ne pouroit men prendre qu'à vous de tout les dégoux que m'atireroient le change-ment qui c'est fait en moi. Revenez donc, ma-dame, si vous ne voulez pas me causé toute sortes de malheur. Venez me faire repproître tel qu'on me voioit par la vertue de vos an-chantements.

XXXII.

Qu'elle moment qu'une bataille, pour un homme telle que Calinat, déjà familliarisé avec l'art de vincre, et capable de la concidérer en filosofe, en même temps qu'il la dirigoit en guerrié ! Qu'elle spectacle que cette foulie d'hommes rasemblé de toute parts, qui tous semblent n'avoir alors d'autre ame que selle que leurs donnent le générale ; qui, agrandit les uns par les autres, élevé audessu d'eux-mêmes, vont exécutés des prodiges don peutètre chaqun d'eux, abandonné a ces propres forces, n'ut jamais consu l'idé ! Ah ! la multitude est dans la main du grand homme; on nen fait rien quand la transformant, pour insi dire, quand faisant passer en elle un instint qui la domine, et quelle n'est pas maîtresse de repousé. Alors le pérille, la mort, la crinte, les petits intérêts, les passions villes, s'éloignent et disparessent ; le crie de l'honeur, plus fort, plus imposant, plus retantisant que le brui des instruments militaire, et que le fraca des foudres, fait n'aître dans tout les esprits un même antousiasme : le générale le meut, le dirige, l'annime, et ne le rescend pas ; seule, il n'en n'a pas besoin. La pensée du salu de tous le r'emplit sans l'agitter, elle ocuppe toute les forces de sa raison receuilli. Tous ce qui ce fait de grand lui apartieu, et lui-même est audessu de cette grandeure. Son œuil, toujours ataché sur la victoire, l'a suit dans tout les mouvements qui sembles l'éloigner ou la r'aprocher; il l'a fixe, l'enchêne enfin, et voyiant alors tout le sang qu'elle à couttée, il se détourne du carnage, et se consolle en regardant la patrie.

XXXIII.

PASSAGE DES ALPES PAR FRANÇOIS PREMIER.

On pare; un détachement reste et ce fait voir sur le Mont-Cénis et sur le Mont-Genèvre, pour inquietter les Suisses et leurs faire crindre une ataque. Le reste de l'armée passe a guai la Durance, et s'engage dans les montagnes, du cauté de Guillestre; trois milles pioniers la précède. Le fer et le feu lui ouvre une route dificile et périllieuse à traveit des rochés; on rempli des vides immances avec des fassines et de gros harbres; on bâtit des ponts de comunication; on traîne, afforce d'épaules et de bras, l'artilerie dans quelques androits innaccessible au bêtes de somme: les soldats aide les pionniés; les officiés aide les soldats, tous indistinctement manies la pioche et la cogné, poussent au roues, tirrent les cordages; on gravi sur les montagnes; on fait des effors plus qu'umains; on brave la mort, qui s'emble ouvrire mille tombaux dans ses vallés profonde que l'Argentière arose, et qu des torrans de glasses et de naiges fondu par le soleil, se précipite avec un fraca épouventable. On ause apeine les regardés de la sime des rochés sur les quels on marche en tramblant par des centiés étroits, gliçants, et rabotteux, ou chaques faux pas entraîne une chutte, et d'ou lon voit souvant rouler au font des habimes et les hommes et les bêtes avec toute leur charge. Le bruit des torents, les cries des mourrants, les hanissements des cheveaux fatigué et effreyé, étoit horiblement répettés par tout les écols des bois et des montagnes, et venoit redoublé la terreure et le tumulte. On ariva enfin a une dernière montagne, ou lon vit avec douleure tant de traveaux et tant d'efforts près à échoués. La sape et la mine avoit renverser tout les rochés qu'on avoit put aborder et entamer; mais que pouvoit-elle contre une seulle roche vive, escarpé de tout côtés, impénétrable au fer, presque innaccessible aux hommes? Navarre, qui l'avoit plusieur fois sondé commansoit a désespéré du succèt, l'orsque des recherches plus heureuses lui découvrir une vaine plus tandre qu'il suivit avec la dernière précision: le roché fût entamé par le millieu; et l'armé, introduite au bout de huit jours dans le marquisa de Saluces, admirat ce que peuve l'industrie, l'audace, et la percéverence.

XXXIV.

IDYLLE DE GESSNER.

Elle ne vient point encor la belle Daphné ! Je veut me coucher ici sur l'erbe, et l'atandre au bort de cette fouteine. J'employrai ces moments a observer au tour de moi la campagne, et je pourai tromper mon impassiance. Noir forrêt de sapin, dont les tiges roujâtres se pressent les unes les autres, et s'élencent comme des flaiches a travert les ombres épesses ; chaînes entiques, et toi, fleuve magestueux et rapide, qui du sain de ces montagnes grizâtre, roule a grand bruis tes flaux argantés, se n'est point vous que je veut voir. Le gason qui m'environne cera pour moi toute la contré. Que j'aime ton doux murmur, fèble ruissaux, qui t'échape à traver le creçon et le bécabunga, dont les fleures asurés s'ellèvent audesus de ta surfasse ! Ton onde amonselé au tour de leur tiges tranblottantes, y forme de petits anaux éteinselant. Une erbe épaice couvre les deux borts, et les embélis de mille fleures. Ces fleurs s'inclinent a l'envie, comme pour hombragé ton cour ; tes eaux linpide coules sous leur voute émaillé, et brille du reflait de leurs couleurs.

XXXV.

Parcourrons des yeux cette petite forait de gason : qu'elle riche variétée dans les nuences de cette verdure, éclairé par le soleil ! L'hombre de chaque tige agitté voltige sa et la sur les tiges voisines. Des toufes de plentes déliés étandent entre les gasons leur tandres ramaux et leurs feuilhages diversifié : d'autres s'élèvent audessu de l'erbe qui les environnent, et balanse au grés des zéphyres leurs tijes chargés de fleur. Mais toi, violette purpurine, cimbole du vrai sage, tu reste humblement confondu avec les plentes les plus communes, et tu répens au tour de toi les plus doux parfuns, tendis que des fleures sans audeme porte audessu des gasons leur tête altière, et appelle fastuesement nos regarts. Des verniceaux élés se poursuives sous l'herbe; tantôt mon euil les perts dans l'hombre verdâtre, tantôt je les revoies en foules sagitter aux reyons du soleil, ou senvoler par légions innombrable, et faire au millieu des aires mille évolutions brilliante.

XXXVI.

Qu'elle fleure, paré des plus belles couleures, s'emble être brsé par les vants au bort de cette fontaine? Qu'elle fréchcur! qu'elle vif éclat!... Mais non, agréable herreur! le papillion senvolle, et laisse loin de lui le brain d'erbe encor tramblant. Qu'elle autre incecte passe en bourdonnant, couvert d'une armur noir, et porter sur des ailles d'un rouge éclattant? Il se pause sur la campanelle voisine : peutêtre esse prêt de sa compagne. Oh ruissau! rallentit ta course, adoussit ton murmur. Et vous, séphirs, craignez d'abitter l'erbe fleurit... Esse une illuzion? ou bien entandroit-je en effet des sonts d'une finesse et d'une dousseur innexprimable? Ils chantent, nen doutons pas; mais notre orreille est trop émousé pour santire une armonie aussi déliquate, comme notre œuil est trop peut persant pour appersevoir les tendres linéaments de leur organisation. Qu'elle agréable bourdonement retantit au tour de moi! Qui peux faire mouvoir ainssi toute les fleurs? C'est un essein de petites abeilles; quitant leur abitation lointeine, elles on prit guément leur essort, pour se répendre au loin sur les préries et dans les jardins. La, elles choisissent avec une atantion eclairé, et r'asemblent avec ardeure le jaune butain dont elle vont, a leur retour, grosir le trésort de leur république. Tout les menbres concourt avec un égale empressement au bien commun, et il ne si trouve auqun cytoyen oisif. Elles voltigent sa et la de fleurs en fleurs : tantôt dans le court de leur recherche elles plongent leurs petites têtes velu dans le calisse de la fleure épanouit, tantôt elles pénètrent avec effort, et sencevelissent toute entières antre les pétalles qui ne s'ouvre point encor. La fleur se referme de nouvau, et dérobe aux yeux le petit volleur qui lui enlève les trésorts que, peutêtre un jours plus tart, elle auroit d'elle même étallé à la rosé du matin.

XXXVII.

Labas, sur cette fleure élevé de treffle, se pause un petit papillion; il déploit ces ailles bigarés; de petites taches de pourpre sont répendu sur leur font d'argant, et sur leurs borts une lizière d'or se marie avec les nuences d'un bau verd. Le voilà pompeusement assi; une petite égrette de plumes arjantés part sa tête mignone. Beau papillion! inclines la fleur qui te portes ver le ruisseau comtemple-s-y ta bautée : a lors tu resemblera a la charmante Belinde, qui oublit devent son miroire quelle devroit être quelle que chose de plus qu'un papillion. Sa parure n'est pas si brilliante que tes ailles, mais elle panse aussi peut que toi.

Qu'elle jeu tumultueux commansez-vous, follâtres zéphyrs! les voilà qui court lun à près l'autre, et se roule sur le gason. Semblable aux flaux qu'un soufle légé chasse devent lui sur la surfasse d'un étand, l'erbe ondoïante se courbe devant eux, et leurs sèdent en murmurant. Le petit peuple chamaré, dont elle est l'azil, senvolle et contemple avec effroit du milieux des aires, tous ce boulversement. En fin, les zéphyrs se repausent de nouvaux; l'herbe et les fleurs r'apellent leurs abitants, et les invites doucement a redessandre.

XXXVIII.

Mais qu'appersoije? que ne puije me randre

invisible! Fleurs, caché moi! voici le jeune Hyacinthe qui passe labas avec son belle abit tout éclattant d'or. Il traversse à la hâte le ville gason qu'il foulle aux piés; il passe a côté de la nature en siflant. S'est en vin qu'elle lui sourie. S'est pour lui une bauté trop entique; il court chez la divine Henriette : c'est la que le beaux monde se r'asemble au tour d'une table de jeux; c'est la que son abit raviera les yeux des plus fins connesseurs, bien mieu que l'éclat enflâmé d'un beau soire. O! qu'il vat rire, s'il me vois loin du monde remper sur l'herbe parmis les insectes! Mais déguez m'escuser illustre Hyacinthe, si j'ai la sotise de perdre l'ocasion de contemplé l'éléguanse de votre démarche et l'écla de votre abit : je suis ocuppé a considérer un vermiceau qui monte sur ce brint d'herbe; ces ailles changantes étalle pompeusement sur un font d'un baux verd doré toute la variétée des couleurs de l'arque en ciel. Pardonnez, illustre Hyacinthe, pardonnez à la nature d'avoir donnée a un misérable insecte un abit plus magnifique que l'art le plus recherché ne peux vous en procurer, a vous, dont l'esprit sublime abandonne dédégneusement la consiance et la religion au stupide vulguère.

Mais je la voit venir la belle Daphné : je volle a ces cautés. A dieu, fleurs charmante; et vous, petits abittants des préries je vous quittes; mais vous me ferez encor éprouvé plus d'une foi les même transports. Vous me ferez encor goutter le plésir ravissant de contamplé, dans les plus petittes merveilles de la nature, l'heureuse armonie du baux et de l'util, atachė l'un a l'autre par des liens indisolubles et pour jamais unis dans des embrassements éternelles.

La belle Daphné vient; la voilà déjà prêt de moi. Comme sa robbe verte flote légèrement au grés des zéphires! Comme sa bouche sourie agréablement! Que ces yeux sont beau! Mais tout les charmes de ces baux yeux seroit perdu pour moi, s'ils ne paignoit pas les sentiments de la plus belle ame et du cœur le plus noble.

XXXIX.

Venez dîné chez moi, dit un jour le renart à la sigogne : je veut vous y tréter et de mon mieu. Celle ci, sans se faire baucoup prié, acceptat la partie, et si rendit à l'heur marqué. L'acceuil fût des plus obligant, mais la chaire ni répondit pas. Pour tout met, l'haute servit a sa voisine, sur une assiete fort platte, sertain brouait si claire, que tout se qu'elle pût faire pandant tout le repat se fût de becter le plat, et presque toujour sans rien prendre; apeine pu-t-elle en goutter. Le renart lappa le tout en moins de rien, non s'en rire de la sigogne qui discimuloit son dépi, aussi piqué qu'afamé. Il n'en rit pas long-temps : le même jours, la sigogne l'invita a venir soupé chez elle, et lui servie dans un vase dont l'embouchure étoit fort longue et fort étroite, de la chaire aché; et celle-ci, qui profittoit à lors de l'aventage que lui donnoit son long bec, manga tout a son aise, et se mit a rire a son tour du trompeur, qui, rédui pandant tout le festain a ne léché que les bords du vase, quitta en fin la partie, et, demie mort de fin, se retira avec sa courte honte.

XL.

PHRASES DÉTACHÉES.

Personne ne veux dessandre au font de soi-même, et toujour nous examinons la besasse qui pent sur le dot de ce lui qui nous précèdes. — Le crime ce met quelques fois a l'abrit du châtiment, mais jamais il n'échape au remord. — On dore pèsiblement sous le chôme. — Les malheureux croyent facillement se qu'ils souaitent avec hardeur; quand a ce qu'ils redoute, ils nimaginent pas que rien puisse les en garantires. — Quelque soie le mérite, il est bien dificille de perser quand on a sensesse a luter contre les besoins domestique. — Doux espoire qui nourissoit mon ame et m'abusa si lontemps, te voilà donc étaind pour tout jours! — Providance éternel, qui fait remper l'insecte et rouller les cieux, tu veille sur la moindre de tes euvres! tu me r'appelle au bien que tu ma fait aimé! Daignes accepter d'un cœur épuré par tes soins l'homage que toi seul rend digne de t'être ofert! — On trouve des moyens pour guérire de la folie, mais on en trouvent point pour redresser un esprit de travert. — Il y a une demie heure, et même trois quart d'heures, que je vous atand. — Le trante du mois du julliet prochin, je payrai au porteur du présant la somme de deux cent franc quatre-vingt sentimes. — La maison de campagne que nous avons achetés est a cinq lieux édemi de la capital. — Une afaire que je viens de terminé me mets dans la nécessitée de profiter de l'offre que vous m'avez fait il y a quelque jour: je vous pris de vouloir bien me pretter les deux milles quatre cents cinquente francs que vous m'avez proposé d'une manière si obligente. — Tous le monde ma offert des servisses, et personne ne men a rendus. — Ma sœur c'est cassée la tête pour résoudre la question que vous lui avez proposé: elle n'a jamais pue en venir about. — Mon fils est née l'an mille sept cents quatre-vingts-trois, a cinq heures et demies du matin. — Mais, mon fils, tu ne me paroît pas méchant, quelque conseille te pousses; rend-moi mes armes, vas-t-en. — Il faut que je parcours aujourdui tous les cartiers de la ville. — On veut que vous employez votre temps mieux que vous n'avez fais jusqu'aprésent.

CHAPITRE IV.

Exercices sur l'accord des adjectifs, des verbes, et des participes; et sur quelques locutions qui demandent une attention particulière.

1. Moins contrarié dans leurs mouvements, les enfants pleurerons moins; moins importuné de leurs pleurs, on se tourmentera moins pour les faire taires; menacé ou flatté moins souvent, ils seronts moins craintif ou moins opiniâtre, et resterons dans leur état naturelle.

2. De ces contradictions naît celles que nous éprouvons sans cesse en nous-même. Entraîné par la nature et par les hommes dans des routes contraire, forcé de nous partager entre ces divers impulsions, nous en suivons une composé qui ne nous mènent ni à l'un ni à l'autre but.

3. Cet espérance, toute chimérique qu'elle est, est si fort invétéré dans l'esprit de ce peuple, que le ministère obtient tous se qu'il veux, pourvu que les sommes exigée soit employé contre la France.

4. Combat infortuné, destin qui me poursuit!
O mort, mon seul recours, douce mort qui me fuit!
Ciel! n'a-tu conservé la trame de ma vie
Que pour tant de malheurs et tant d'ignomie?

5. Il renvoyat dans leurs provinces ces sei-

gneurs qui l'étoit venu trouvé, et il les fit accompagner par des détachements de son armée.

6. Aux branches du palmier sont suspendu des trophées et des armes; au tronc sont attaché sa cuirasse et son armure.

7. Quand il vit l'urne ou étoit renfermé les cendres si cher de son frère Hippias, il versa un torrent de larmes.

8. Rien de si théâtrale que la situation de cette princesse au moment qu'elle embrasse l'urne ou elle croit que sont déposé les dépouilles d'Oreste, son frère.

9. A-t-on consulté tout les modèles qui ont existés, qui existes, et qui existeront un jour?

10. Hier, a quatre heures un quart, il a été tenu au bureau des affaires étrangères un conseil du cabinet secret qui a duré jusqu'a quatre heures et demi. Tout les ministres y ont assistés.

11. Il sait qu'on le trompe, il le souffre pendant quelques temps, reconnoît ensuite son erreur, et fini par punir ceux qui ont abusés de sa bonté.

12. Aux murs sont suspendus des chaînes que, dans une de leurs anciennes expéditions, les Lacédémoniens avoient destinés aux Tégéates, et dont ils furent chargées eux-même.

13. Il faut, pour s'éclairé sur ces questions importantes, jeter un coup-d'œil rapide sur l'état ou étoit l'Europe avant les découvertes dont nous avons parlés.

14. J'admirois les coups de la fortune, qui relève tout-à-coup ceux qu'elle a le plus abaissé.

15. La volonté où le caprice d'un géographe qui tire une ligne du nord au sud, ou de l'est a l'ouest, peu donner des possessions idéale au souverain qui lui paira un peu plus chère la carte qu'il a tracé.

16. Sérieusement, madame, mandez-moi ce qui vous à enpêché de m'écrire.

17. Oh toi qui voit la honte ou je suis descendue?
Implacable Vénus, sui-je assez confondue.

18. Mon père c'est rendu fameux entre tout les rois qui ont assiégés la ville de Troie; mais les dieux ne lui ont pas accordés de revoir sa patrie.

19. Outre les décrets porté contre ceux qui ont perdus Olynthe; nous avons publiquement accueillis ceux de ses habitants qui avoit échappés aux flammes et a l'esclavage.

20. Quelques petits que fusse ces objets, ils étoient dignes de mon attention, puisqu'ils avoient mérités celle de la nature.

21. Toute éclairée quelle était, elle n'a point présumée de ses connoissances, et jamais ses lumières ne l'ont éblouies.

22. Il faut que je parcours une partie des ouvrages qu'on a composé sur ce sujet, et que j'acquiers encore beaucoup de connoissances qui me manque, avant d'entreprendre se que vous me demandé.

23. Avant que Rome fut gouverné par un seule, les richesses des principeaux Romains étoient immenses, quelques fussent les voies qu'ils employoient pour les acquérirent.

24. Mer vaste, mer immense, qui doit peut-être m'engloutir dans ton sein, puissai-je retrouver sur tes flots le calme qui fui mon cœur agité!

25. A peine furent-ils entré dans le vaisseau, que, ne pouvant plus respirés, ils demeurèrent immobile; car ils avoient nagés long-temps et avec effort pour résister aux vagues. Peu-à-peu ils reprirent leurs forces; on leurs donna d'autres habits, parceque les leurs étoient appesantits par l'eau qui les avoient pénétré, et qui couloit de toute parts.

26. Elle n'oublia pas se qui lui étoit arrivée dans l'île de Circé, fille du Soleil, ni les dangers qu'il avoit couru entre Scylla et Charybde. Elle représenta la dernière tempête que Neptune avoit excité contre lui quand il parti d'auprès d'elle. Elle voulue faire entendre qu'il étoit périt dans ce naufrage, et elle supprimat son arrivée dans l'île des Phéacíens.

27. Pendant qu'il (Annibal) resta avec son armée ensemble, il batti les Romains; mais lorsqu'il fallu qu'il mit des garnisons dans les villes, qu'il défendit ses alliés, qu'il assiégea les places, ou qu'il les empêcha d'être assiégé, ses forces se

trouvèrent trop petites, et il perdit en détail une grande partie de son armée.

28. Venez prince, venez; je veut bien que vous-même
Pour la dernière fois vous voyez si je l'aime.

29. On doit mettre au nombre des services que M. de Buffon a rendu aux sciences les progrès que toutes les parties du jardin du Roi on fait sous son administration.

30. Les plus puissants ont assez de pudeur pour dérober aux yeux la licence de leurs conduite : se sont des transfuges qui craignent les lois qu'ils ont violés, et regrette les vertus qu'ils ont perdus.

31. Les Romains, institué pour conquérir, n'ont pas avancés, comme les Grecs, la raison et l'industrie. Ils ont donnés au monde un grand spectacle; mais ils n'ont rien ajoutés au connoissances et aux arts des Grecs.

32. Non, s'il vous plais, je n'entend pas que vous fassiez de dépense, et que vous envoyez rien acheter pour moi.

33. Assez d'autre fautes me seront reproché sans doute; j'en demeurerai d'accord, et ne prétend pas que mon ouvrage soit accompli. J'ai tâché seulement de faire en sorte qu'il plut, et que même on y trouva du solide aussi bien que de l'agréable.

34. Un lion décrépi, goutteux, n'en pouvant plus,
Vouloit que l'on trouva remède à la vieillesse.

35. Toutes les troupes, immobiles, avoient les yeux attaché sur lui. On n'osoit parlé, de peur qu'il n'eut encore quelque chose à dire, et qu'on ne l'empêcha d'être entendu. Quoi qu'on ne trouva rien à ajouter au choses qu'il avoit dit, on auroit souhaité qu'il eut parler plus long-temps.

36. Les Thébains nous ont enlevés Orope, ils seront forcés de nous la rendre; ils ont rasés Thespies et Platée, on les rétabliras; ils ont construits Mégalopolis en Arcadie pour arrêter les incursions des Lacédémoniens, elle sera démolie.

37. C'est ainsi que les peintres et les sculpteurs, prenants leurs maîtresses pour modèles, les ont exposés à la vénération public sous les noms de différentes divinités; c'est ainsi qu'ils ont représentés la tête de Mercure d'après celle d'Alcibiade.

38. Voici enfin la satire qu'on me demande depuis si long-temps. Si j'ai tant tardé à la mettre au jour, s'est que j'ai été bien aise qu'elle ne parue qu'avec la nouvelle édition qu'on faisoit de mon livre, ou je voulois qu'elle fut inséré. Plusieurs de mes amis, a qui je l'ai lu, en ont parlés dans le monde avec de grands éloges, et ont

publiés que s'étoit la meilleur de mes satires. Ils ne m'ont pas en cela fait plaisir. Je connois le publique : je sai que naturellement il se révolte contre les louanges outrés qu'on donne aux ouvrages avant qu'ils aient parus, et que la plus part des lecteurs ne lisent ce qu'on leur a élevés si haut qu'avec un dessein formé de le rabaissé.

39. Que manquoit-il à mon bonheur, sinon dans savoir jouir avec modération ? Mais mon orgueil, et la flatterie que j'ai écouté, ont renversés mon trône.

40. Nous vendons chers les biens qui nous ont peut coûtés.

41. Pendant le jour je tâchois de montrer un visage gaie et plein d'espérance, pour soutenir le courage de ceux qui m'avoit suivis. Faisons, leurs disois-je, une nouvelle ville qui nous consolent de tous ce que nous avons perdus. Nous sommes environnés de peuples qui nous ont donnés un belle exemple pour cet entreprise.

42. Dieux cruels ! falloit-il qu'une juste vengeance
Pour me punir d'un crime opprima l'innocence ?

43. Depuis cette guerre renouvellé, vous auriez du encore les apaisés, en leurs représentants qu'on les avoient attaqué faute de savoir l'alliance qui venoit d'être juré. Il falloit leur offrir toute les sûretés qu'ils auroient demandés, et

établire des peines rigoureuses contre ceux de vos sujets qui auroit manqués à l'alliance.

44. D'un songe si cruel quelque soit l'horreur,
Ce fantôme peut-il troublé votre grand cœur ?

45. Les anciens ne nous ont laissés sur ce sujet que de foibles lumières; et les critiques modernes ce sont partagé quand ils ont entreprit de l'éclaicir. On a prétendu que les cènes étoient chanté; on a dit qu'elles n'étoient que déclamées; quelques uns ont ajoutés qu'on notoit la déclamation.

46. Non, cruel, n'attend pas que ma main meurtrière
Fasse coulé le saug de ton malheureux frère.
Assouvit, si tu veux, ta fureur sur le mien :
Mais, dussai-je en périr, je défendrai le sien.

47. Des historiens ont flétris la mémoire de cet Athénien (Alcibiade); d'autre l'on relevés par des éloges, sans qu'on puisse les accusé d'injustice ou de partialité. Il semble que la nature avoit essayée de réunir en lui tous ce qu'elle peut produir de plus fort en vices et en vertus.

48. Quelque soit vos dessins, vous pouvez sans effroi,
Sûr d'un appuit sacré, vous confier à moi.

48. Les effets de la nature étant infiniments variés, et leurs causes infiniment obscur, la physique n'a jusqu'à présent hasardée que des opinions : point de vérité peut-être qu'elle n'est entrevu, point d'absurdité qu'elle n'est avancé.

49. Parmi une foule de princes que l'abu du

pouvoir à précipité du trône, plusieurs on péris pour expié des injures personnels dont ils s'étoient rendu coupable, ou qu'ils avoient autoisés.

50. Cette heureuse innovation, joint à d'autres libertés qu'il s'étoit donné, alarma le législateur d'Athènes, plus capable que personne d'en sentir le prix et le dangé.

51. Et le roi de Corinthe, éprit plus que jamais,
Me demande aujourd'hui ma fille avec la paix,
Quelque soit son pouvoir, quoiqu'il en ose attendre,
Sans la tête d'Oreste il ni faut point prétendre.

52. Le soir, de retour à l'auberge, nos jeunes élèves ouvrir leur portes-feuilles, et nous montrèrent dans des esquisses qu'ils s'étoient procurés, les premières pensées de quelques artistes célèbres.

53. Le roi n'appris qu'avec un violent chagrin qu'on n'avoit put faire périr quelques seigneurs qu'il avoit proscrit particulièrement, et qu'on croyoit qui s'étoient caché dans la ville.

54. Nous nous sommes partagés, ma femme et moi, les soins de l'administration.

55. Dans le même temps, les Grecs avoient imités les manufactures de l'Asie; et ils s'étoient appropriés les richesses de l'Inde par différentes voix.

56. O toi, qui voit la peine ou ce feux me réduis,
Vénus, sui-je d'un sang que ta haine poursuis?

57. Quelle que honte que nous ayions mérités, il est presque toujours en notre pouvoir de rétablir notre réputation.

58. Il n'y en a point qui presse tant les autres que les paresseux : lorsqu'ils ont satisfaits à leurs paresse, ils veulent paroîtres diligent.

59. Il est de notoriété public que la cour de Berlin c'est attirée les reproches des principales cours de l'Allemagne.

60. Notre voyage, madame, a été fort heureux, quoi que nous eussions dus versé vingts fois pour une, tant la tristesse qui s'étoit emparé de nos gens, ainsi que de nous, rendoit tous le monde inattentifs.

61. On se persuade mieux, pour l'ordinaire, par les raisons qu'on a trouvé soi-même que par celle qui sont venu dans l'esprit des autres.

62. A L'ESPRIT.

Source intarissable d'erreurs,
Poison qui corromp la droiture
Des sentiments de la nature,
Et la vérité de nos coeurs ;
Feu follet qui brille pour nuire,
Charme des mortels insensés,
Esprit, je viens ici détruire
Les autels que l'on t'as dressé.

63. Daraxa rougit à ce discours : elle avoit étée jusqu'alors tellement occupée de son malheur qu'elle ne s'étoit point encore attachée à Alouse ;

ou, si elle y avoit fait quelleque attention, elle s'étoit imaginée que la pitié, qui n'est jamais sans tendresse, la faisoit agire toute seule.

64. A ces mots, pousuit le prophète, les gens de bien, étonnés, se sont parlés secrètement les uns aux autres.

65. On ne voudra jamais croire à la rapidité avec laquel les événements se sont succédés.

66. Ces dames se sont mises dans la tête d'aller à la campagne, quel que temps qu'il fasse.

67. Sabins, Rhéates, se n'est plus qu'une même famille. Tous aime et respecte Numa : ce sentiment les a rendu frère.

68. *C'est Phèdre qui parle.*

Qu'entend-je ! quels conseils ose-t'on me donner !
Ainsi donc jusqu'au bout tu veux m'empoisonner,
Malheureuse ! Voilà comme tu m'a perdu.
Au jour que je fuiois s'est toi qui m'a rendu.

69. Il racontoit si bien les choses passées, qu'on croyoit les voir; mais il les racontoient courtement, et jamais ses histoires ne m'ont lassées.

70. Je considère les périls extrêmes et continuelles qu'a couru cette princesse sur la mer et sur la terre durant l'espace de dix ans.

61. Le long des côtes la nature a creusée des baies, autour des quels se sont élevé des villes que l'art a fortifié, et que le commerce a rendu florissante.

72. Tel furent les motifs qui m'engagèrent à

partir : motifs bien différents de ceux que m'ont prêté des censeurs injustes.

73. Dans un clin-d'œil l'élite de nos guerriers fût égorgé, et la Messénie asservit. Non, elle ne le fût pas : la liberté s'étoit réservée un asile sur le mont Ira.

74. Voilà ce que j'ai taché de faire par l'avis de quelques gens éclairées que j'ai choisi pour guide parmi les connoissances que m'a donné mylord Édouard.

75. Dussai je contre moi voir s'armé ma princesse,
J'attendrai qu'Artaban me tienne sa promesse.

76. Tégée n'est qu'à cents stades environ de Mantinée : ces deux villes, rivales et ennemis par leur voisinage même, se sont plus d'une foi livrées des combats sanglants ; et dans les guerres qui ont divisées les nations, elles ont presque toujours suivies des parties différents.

77. Est-il a présumé que les prêtres égyptiens se soient réservés la connoissance exclusif du cours des comètes?

78. Malheureux ! tes serments, qu'a suivi le parjure,
Ont soulevés les dieux et toute la nature.

79. A JULIE.

Que vous êtes changé depuis deux mois, sans que rien est changé que vous! Vos langeurs ont disparues ; il n'est plus question de dégoût ni d'abattement ; toute les graces sont venu reprendie leurs postes; tout vos charmes ce sont ranimés; la rose qui vient d'éclore n'est pas plus fraîche que vous; les saillies ont recommencées; vous avez de l'esprit avec tout le monde, etc.

80. Il n'en est pas de même des ouvrages de théâtre : quelques mauvais qu'ils puissent être, quelque éphémère que soye leur durée, ils ont toujours, ne fusse qu'à une seul représentation, l'inconvénient de s'adresser à un publique nombreux qui les entends et qui les jugent. Deux milles personnes réunis dans la même enceinte ont, quoiqu'elles fassent, les yeux et les oreilles frappé des objets qu'on leurs présentent, et il ne dépent pas d'elles, malheureusement, d'être sourde et aveugle pendant une heure.

81. L'amour le mieux vengé, quelque soit l'offense,
Est souvent le premier à plemé sa vengeance.

82. Cassius ajouta qu'il étoit d'avis, pour rapproché de pauvres citoyens de la condition des riches, et pour leurs donner le moyen de subsister, de faire faire un dénombrement exacte de toutes les terres qu'on avoit enlevé aux ennemis, et dont les patriciens s'étoient emparées; qu'il falloit en faire un nouveau partage, sans aucun égard pour ceux qui, sous différents prétextes, se les étoient appropriés; que ce partage mettroit les pauvres plébéiens en état de pouvoir nourrir des enfants utiles à l'état.

83. Quelques malheureux que nous soyons dans ce monde, nous paroissons néanmoins tenir a la vie, que la nature ne nous a donné que pour un temps.

84. Sanctuaire des arts, utile imprimerie,
Qui chasse devant toi l'erreur, la barbarie,
Et transmet au papier par des traits subsistants
Les progrets de l'esprit et la marche du temps,
Ton art industrieux enchaîne à la parole
Le son, le foible son qui dans les airs s'envole ;
Il forme nos accents, il les peints sous nos yeux,
Il colore l'espace et rapproche les lieux.
Art divin qui des ans répare la furie,
Art qui trompe la mort et redonne la vie,
Qui, fixant sur l'airain tous les talents divers,
Rassemble des trésorts éparts dans l'univers,
Pourquoi les passions, les erreurs, les mensonges,
Gravent-ils sous ta main leurs fraudes et leurs songes?
Pourquoi, toujours soumis à la cupidité,
Prête-tu ton burin à la perversité?

85. Les trois premières éditions de cette ouvrage se sont succédées bien rapidements.

86. Comme nous nous sommes faits un devoir de suivre exactement Lebeau, on nous pardonneras d'être demeuré dans les bornes de la simple analyse. Il nous reste à réclamer l'indulgence de nos lecteurs. Si le résultat de notre travail atteint le but que nous nous sommes proposés pour l'utilité de la jeunesse et l'agrément du public, nous nous trouverons suffisament récompensé.

87. L'examen de la question que je me suis proposé exige une discution fine et approfondie.

88. Je l'ai vu, nous l'avons tous vus, nos mains ont touchées ses mains victorieuses; nous avons entendus sa voix. N'en croyez point de veines rumeurs; ce héros vit encore : il n'y a que trois jours qu'il a quitté son armure sanglante et brisée, et qu'en habit de pélerin, il est partit pour Antioche.

89. Un feu soudain c'est allumé à mes yeux, et les flammes ont formé un rempart autour de la forêt : des monstres armés m'en ont défendus les abords. J'ai franchit les obstacles : le fer, l'incendi, et les monstres, ont disparus. J'ai vu les ténèbres et les frimas de l'hiver, que bientôt la clatté la plus pure a faits disparoître.

90. Quand nous avons commencés à faire notre commerce chez ces peuples, nous avons trouvés l'or et l'argent employé parmi eux aux mêmes usages que le fer.

91. Vous savez, chers amis, les malheurs qui m'ont privés de régner dans cette grande île, puisque vous m'assurez que vous y avez étés depuis que j'en suis partit. Encore trop heureux si les coups les plus cruels de la fortune ont servis à m'instruire et à me rendre plus modéré!

92. L'un est le fils du trompeur Ulysse; l'autre est un homme caché et d'un esprit profont : ils sont accoutumés a erré de royaume en royaume.

Qui sait s'ils n'ont pas formés quelque dessin sur celui-ci? Ces aventuriers racontent eux-mêmes qu'ils ont causés de grands troubles dans tous les pays ou ils ont passés.

93. Pour ceux-ci, ils ont régnés avec justice et ont aimés leurs peuples.

94. Pourrois-je oublier jamais la confiance et l'amitié que vous m'avez témoigné?

95. Les Sybarites se plaignent de ce que nous avons usurpés des terres qui leur appartenoit, et de ce que nous les avons donnés, comme des champs à défrichés, aux étrangés que nous avons depuis peu attirés ici.

96. Et ce qui me cause le plus horrible désespoir, s'est qu'elle s'est donnée la mort, en me haïssant comme la cause de son malheur.

97. Ces animaux ont donc dégénérés, si leur nature étoit la férocité jointe à la cruauté, ou plutôt ils n'ont qu'éprouvés l'influence du climat : sous un ciel plus doux, leur naturel s'est adoucit; ce qu'ils avoient d'exessif s'est tempéré; et par les changements qu'ils ont subis, ils sont seulement devenus plus conforme à la terre qu'ils ont habités.

98. J'ai dit que les lois d'Athènes sont nombreuses. Outre celle de Dracon, qui subsistent en partie; outre celle de Solon, qui servent de base au droit civile, il s'en est glissées plusieurs.

autres que les circonstances ont faits naître, ou que le crédit des orateurs a fait adopter.

99. Leur admiration s'accroît insensiblement lorsqu'ils examinent à l'oisir ces temples, ces portiques, ces édifices publics, que tous les arts se sont disputés la gloire d'embellire.

100. On s'accoutuma donc à voir la vangence des dieux poursuivant le coupable jusqu'à sa dernière génération : vangence regardé comme justice à l'égard de celui qui l'a mérité, comme fatalité par rapport à ceux qui ont receuillis ce funeste héritage.

101. Outre cette source, dans la qu'elle Sophocle a puisé tous ses sujets, on en a quelquefois tirés de l'histoire moderne : d'autre fois on a pris la liberté d'en inventé.

102. Si l'amour s'annonce quelquefois par des traits de noblesse et de grandeur, il les doit à la vengeance, à l'ambition, à la jalousie, trois puissants resorts que nous n'avons jamais négligés d'employés.

103. En parlant ainsi, le Babylonien pleuroit comme un homme lâche qui a été amollit par les prospérités, et qui n'est point accoutumé à supporter constament un malheur. Il avoit auprès de lui quelques esclaves qu'on avoit faits mourir pour honorer ses funérailles : Mercure les avoient livré à Caron avec leur roi, et leur avoient don-

nés une puissance absolue sur ce roi qu'ils avoient servis sur la terre.

104. Elle trouvoit en lui les mêmes choses qui lui avoient plues en moi.

105. Par où vous a-t-on donc fait voir qu'on vous aimoit? reprit M. de Clèves; et qu'elles marques de passion vous a-t-on donné?

106. Ils s'étoient fait mahométans; et le zèle pour leur religion les engageoient merveilleusement à ravager les terres des chrétiens.

107. Il n'est que trop véritable que vous êtes cause de la mort de M. de Clèves : les soupçons que lui a donné votre conduite inconsidérée lui ont coûtés la vie, comme si vous la lui aviez ôté de vos propres mains.

108. Les animeaux que l'homme a le plus admiré sont ceux qui lui ont parus participer à sa nature : il s'est émerveillé toutes les fois qu'il en a vus quelques uns faire ou contrefaire des actions humaines.

109. Elle trouva qu'elle s'étoit ôtée elle-même le cœur et l'estime de son mari, et qu'elle s'étoit creusée un abîme dont elle ne sortiroit jamais. Elle se demandoit pourquoi elle avoit fait une chose si hasardeuse, et elle trouvoit qu'elle s'étoit engagée sans en avoir presque eu le dessin.

110. Oui, mes frères, ce n'est pas le hasard qui vous a faits naître grands et puissants : Dieu, dès le commencement des siècles, vous avoit destiné

cette gloire temporelle, marqué du seau de sa grandeur, et séparé de la foule par l'éclat des titres et des distinctions humaines.

111. Votre sœur et la mienne se sont rencontrées à deux pas d'ici; elle se sont parlées assez long-temps : elles ne se sont pas imaginées que je les voyoient.

112. Divers accidents peuvent ruiner les espérances des entrepreneurs, et j'en ai vus plusieurs qui s'étoient ruinés, faute de moyens et d'intelligence.

113. Je ne sais pas d'ou peuvent venir toutes les erreurs qu'il y a eues dans nos contes cet année.

114. Elle ne se plaind que du peu d'amitié que vous lui avez marquée depuis que vous êtes avec elle.

115. Plus on a de tourments souffert,
Plus douce est la fin du martyr;
Plus Borée a troublé les airs,
Et plus le retour de Zéphyr
Cause de joie à l'univer.

116. On doit remarqué que ce qui a le plus contribué à rendre les Romains maître du monde, s'est qu'ayant combattus successivement contre tout les peuples, ils ont toujours renoncés à leurs usages sitôt qu'ils en ont trouvés des mélieurs.

117. N'abandonnez pas l'héritié de tant de princes qui ont étés les premiers défenseurs de votre nom et de votre gloire. Les coups de votre

fortune l'ont épargnés au milieu des débris de son auguste famille; laissez-nous, mon Dieu, jouir de votre bienfait, que nous avons achetés si chère : que ce reste heureux de tant de têtes augustes que nous avons vus tomber à-la-fois, réparent nos pertes et essuient nos larmes.

118. Et là-dessus il le somme de répondre, article par article, aux différents chefs d'accusation qu'il avoit encore moins préparé contre lui qûe contre les sénateurs et les commissaires qui s'étoient laissés séduire par son argent.

119. Il y a tant de choses sur lesquels il est accoutumé à dire, cela n'est pas de mon ressort, qu'une de plus ne l'embarrassera guère; et, quand il commence a s'inquiéter de ces grandes questions, ce n'est pas pour les avoir entendues proposer, mais c'est quand le progret naturelle de ses lumières porte ses recherches de ce côté-là.

120. Dans la route que je me trace,
La Fare, daignes m'éclairer;
Toi qui dans les sentiers d'Horace
Marche sans jamais t'égarer;
Qui, par les leçons d'Aristippe,
De la sagesse de Chrysippe
A sut corriger l'âpreté,
Et tel qu'aux beaux jours d'Astrée
Nous montrer la vertu parée
Des attraits de la volupté.

121. Les magistrats de cette ville avoient apprit la levée du siége de Stockholm; ils croyoient la

défaite et la déroute générale, et la perte pour l'administrateur aussi considérable que les Danois l'avoient publiés.

122. Une mère disoit à son fils : Voilà, mon ami, le sujet de tant de démarches que j'ai fait, et de tant de larmes que tu m'a vu verser.

123. Les peines que nous avons vues cette femme se donner pour élever sa fille, prouve combien elle tenoit à la conservée.

124. J'attends ma fille que j'ai envoyé à la promenade. — J'attends ma fille que j'ai envoyé chercher à sa pension. — J'attends ma fille que j'ai envoyé chercher quelque chose dont j'ai besoin.

125. Elle aimoit mieux employer son crédi pour les intérêts des autres que de le ménager pour les siens propres. La crainte de faire des ingrats, ou le déplaisir d'en avoir trouvés, ne l'on jamais empêché de faire du bien.

126. Parmi le grand nombre des personnes louches que j'ai examiné, j'en ai trouvées plusieurs dont le mauvais œil. au lieu de se tourner du côté du nez, comme cela arrive ordinairement, se tourne au contraire du côté des tempes.

127. Les soldats que j'ai vu passer ce matin sur le boulevard, sont les mêmes que nous avons vu conduire à l'exercice il y a quelque jour.

128. Appius dit qu'il n'ignoroit pas tous les mouvements qu'Icilius s'étoit donné pour sou-

lever le peuple; mais qu'il vouloit bien qu'on sut qu'il ne manqueroit ni de force ni de fermeté, pour châtier ceux qui entreprendroient de troubler la tranquillité public.

129. La tristesse acheva d'ôter à ma mère le peu de forces que son mal lui avoit laissé.

130. On les croyoient sans ressource après la victoire de Philippe; mais ils ont le trésor de Delphes à leur disposition; et comme ils ont augmentés la solde des troupes, ils attirent tous les mercenaires qui courent la Grèce. Cette dernière campagne n'a rien décidée. Ils ont perdus des batailles, ils en ont gagnées; ils ont ravagés les terres des Locriens, et les leurs ont été dévastés.

131. Les barbares qui composoient la garnison attaquèrent le mur d'enceinte, en démolirent une partie, et repoussèrent les troupes de Syracuse, qui, sur l'espoir d'un accommodement prochain, s'étoient laissées surprendre.

132. Je vous ai rétabli, messieurs, sur les fleurs de lis, d'où les saturnales de la ligue vous avoient chassées. Ce corps, qui dépend de vous aujourd'hui, n'a vaine qui n'est saignée pour vous.

133. Cependant, admirant la ruse qu'avoit employé le prisonnié pour se dérober aux tourments, en abrégeant sa mort, ils accordèrent à son cadavre les honneurs funèbres de leur pays.

134. Peut-être devons-nous regretter ces temps d'une heureuse ignorance, où nos ayeux, moins

grands mais moins criminels, sans industrie mais sans remords, vivoient pauvres et vertueux, et mouroient dans le champ qui les avoient vu naîtres.

135. Quelque génie que je reconnoisse dans l'invention d'une arme meurtrière, j'exiterois une juste indignation, si je disois que tel homme ou tel nation eût la gloire de l'avoir inventé. La gloire, du moins selon les idées que je m'en suis formé, n'est pas la récompense du plus grand succès dans les siences.

136. Pendant la nuit, les généraux ont courus de tout côtés, et la trompette a retentie dans toutes les rues. Au point du jour, les sénateurs se sont assemblés, sans rien conclure; le peuple attendoit avec impatience dans la place. Les Prytanes ont annoncés la nouvelle; le courrier l'a confirmé : les généraux, les orateurs, étoient présent.

137. Il y a un plaisir extrême à remarqué dans ces divers raisonnements en quoi les uns et les autres ont aperçus quelque chose de la vérité qu'ils ont essayés de connoître.

138. *Extrait d'une lettre des Dames de la Charité maternelle au Rédacteur du Moniteur universel.*

On a fait dans plusieur feuilles publiques, une mention inexacte des charités dont la reine nous a confiée la distribution cette hiver; ce qui nous a déterminé à la prier de nous permettre de rétablir les faits qu'elle vouloit ensevelir dans le silence.

La reine est notre fondatrice. Elle a appelée auprès d'elle, le 11 décembre dernié, une députation de dix de nous; elle est entrée dans tout les détails et dans l'examen de tout les moyens qui pouvoient soulager les pauvres; elle nous a chargé de distribuer seize cent livres par mois en nourriture et chauffage dans toutes les parôisses de Paris. Les viellards, les infirmes, les veuves, et les familles nombreuses, ont été l'objet particulié de son attention. Elle a ajoutée une somme de douze cent livres, destinée aux couvertures et vêtements pour les malades et les gens âgées. La reine en outre n'a point oublié la société qu'elle a fondé: elle nous a autorisé à donner des secours et des layettes à trois cent mères pendant ces trois mois d'hiver. Voilà les faits dans toute leur intégrité.

139. Je suis très content des enfants que j'ai entendus interroger ce matin: ils paroissent avoir bien profités des leçons qu'on leur a donné.

140. Oui, mademoiselle, les lettres que je vous ai vues écrire sont pleines de fautes que vous auriez pues corriger, si vous l'aviez voulue.

141. Vous vous êtes trompés, messieurs: je

n'ai point tenu la conduite que vous avez assurée que je tiendrois.

142. Les parents de cet enfant se sont laissés tromper facilement : ils ont accordés aux personnes chargées de son éducation une confiance dont elles ont abusées.

143. Je vous enverrez les lettres que j'ai entendues lire ce matin : vous y verrez des choses que vous n'auriez jamais voulues croire.

144. Tel est la tâche effrayante que nous nous sommes proposée de remplire.

145. Dès le premier moment que ces personnes se sont vues, elles se sont plues.

146. Elle a bien profitée de tous les avantages que la fortune s'est plue à lui prodigué.

147. La perte ne s'est pas trouvé aussi grande que vous nous l'aviez annoncée.

148. J'espère, messieurs, que vous apporterez à vos devoirs plus d'attention que vous n'en avez apportés jusqu'a présent.

149. Votre frère et votre cousin se sont rencontrés chez moi ce matin, ils se sont parlés fort long-temps au sujet de l'affaire qui les as brouillée l'année dernière. Votre sœur s'est imaginée que je pourrois contribuer à les raccommodés : elle est venue me prier de leurs faire entendre raison sur leurs véritables intérêts. Mais, comme je suis plus lié avec votre cousin qu'avec votre frère, qui, à mon avis, a le plus

grand tort, la crainte d'être accusé de quelque partialité ma fait refuser d'entendre toutes les raisons qu'ils auroient voulues me donner. Je leur ai proposé de s'en remettre au jugement de M. B....., homme sage, qui connoît mieux que personne le sujet de leur contestation, et qu'eux-même connoissent incapable de prononcer contre la vérité : ils se sont décidés sur-le-champ à le consulter le plus tôt possible. S'ils ne changent pas de sentiments, comme je l'espère, c'est une affaire que je regarde comme terminé. J'en serois bien aise; car votre frère et votre cousin sont deux personnes que j'ai toujours aimées à voir en bonne intelligence.

150. Je ne conçois rien à la conduite qu'à tenu jusqu'ici votre mère. Elle m'a demandée des conseils, et je lui en ai donnés : elle s'étoit décidée à les suivre; mais elle s'est imaginée que je la trompois, et elle m'a retirée sa confiance pour la donner à un intriguant qui lui a fait voir tout en beau, et qui a commencé par lui demander une somme assez considérable, qu'elle lui a proposée de prendre chez moi sur les fonds qu'elle m'a déposée. Convaincu que cet homme se comporte mal envers votre mère, j'ai employé tous les moyens que j'ai pus pour différer le paiement des mille francs qu'elle m'a donnés ordre de lui conter. Le peu de bonne foie que j'ai remarquée dans les propos qu'il m'a tenu,

les changements qu'il a proposés de faire dans les choses les plus claires et les plus évidentes, la peine qu'il a eu à me donner raison sur un point qui ne souffrira de contestation devant personne, le peu d'intérêt qu'il paroît prendre à la part que vous avez dans cette affaire, mille raisons, en un mot, m'ont déterminées à vous prier de passer chez moi le plus tôt qu'il vous sera possible. Nous irons ensembles chez votre mère : et comme elle a beaucoup de confiance en vous, il vous sera facile de lui faire entendre qu'on la mal conseillé; qu'elle s'est livrée aveuglément à un homme qui l'a trompé, et qui ne peut nullement lui être aussi utile qu'elle l'a pensée.

CHAPITRE V.

EXERCICES SUR LA PONCTUATION.

1. Ce peuple laborieux simple dans ses mœurs accoutumé à vivre de peu gagnant facilement sa vie par la culture de ses terres se multiplie à l'infini

2. Le secrétaire d'état chargé des ordres de la guerre ou rebuté d'un traitement qui ne répondoit pas à son attente ou déçu par la douceur apparente du repos qu'il crut trouver dans la solitude ou flatté d'une secrète espérance de se voir avantageusement rappelé par la nécessité de ses services ou agité de ces je ne sais quelles inquiétudes dont les hommes ne savent pas se rendre compte à eux-mêmes se résolut tout-à-coup à quitter cette grande charge

3. Les grandes îles qui composent cet empire placées sous un ciel orageux environnées de tempêtes agitées par des volcans sujettes à ces grands accidents de la nature qui impriment la terreur étoient remplies d'un peuple que la superstition dominoit

Le silence de la nuit le calme de la mer la lumière tremblante de la lune répandue sur la face des ondes le sombre azur du ciel semé de brillantes étoiles servoient à rendre ce spectacle encore plus beau

5. Les pierres précieuses les perles l'ambre l'ivoire la porcelaine l'or l'argent les étoffes de soie et de coton l'indigo le sucre les épiceries les bois précieux les aromates les beaux vernis tout ce qui peut ajouter aux délices de la vie y étoit apporté des diverses contrées de l'Orient

6. C'est dans cet heureux séjour que Xénophon avoit composé la plupart de ses ouvrages et que depuis une longue suite d'années il couloit des jours consacrés à la philosophie à la bienfaisance à l'agriculture à la chasse à tous les exercices qui entretiennent la liberté de l'esprit et la santé du corps

7. On les accoutumoit à sauter sans aide sur le cheval à lancer des traits à franchir des fossés à grimper sur des hauteurs à courir sur un terrain en pente à s'attaquer à se poursuivre à faire toutes sortes d'évolutions tantôt séparément de l'infanterie tantôt conjointement avec elle

8. Après avoir traversé une basse-cour peuplée de poules de canards et d'autres oiseaux domestiques nous visitâmes l'écurie la bergerie ainsi que le jardin des fleurs où nous vîmes successivement briller les narcisses les jacinthes les anémones les iris les violettes de différentes couleurs les roses de diverses espèces et toutes sortes de plantes odoriférantes

9. Quand il est question d'un meurtre le

second des archontes fait les informations les porte à l'aréopage se mêle parmi les juges et prononce avec eux les peines que prescrivent des lois gravées sur une colonne

10. Il assemble une forte armée tombe sur l'Illyrie s'empare de plusieurs villes fait un butin immense revient en Macédoine pénètre en Thessalie où l'appellent ses partisans la délivre de tous ces petits tyrans qui l'opprimoient la partage en quatre grands districts place à leur tête les chefs qu'elle desire et qui lui sont dévoués s'attache par de nouveaux liens les peuples qui l'habitent se fait confirmer les droits qu'il percevoit dans leurs ports et retourne paisiblement dans ses états

11. Cet homme fils de la nature proclama les lois de sa mère s'arma pour les soutenir réveilla ses compatriotes endormis sous le poids des fers mit dans leurs mains le soc des charrues changé par lui en glaive des héros vainquit dispersa les cohortes que lui opposoient les tyrans et dans un siècle barbare dans des rochers presque inhabitables sut fonder une retraite à ces deux filles du ciel consolatrices de la terre à la raison à la vertu

12. Dans ce tombeau gît un Anglois
Dont on vantoit les mœurs et le courage
Mais qui forcé d'estimer un François
Le lendemain mourut de rage

13. Ce que nous estimons c'est la santé la frugalité la liberté la vigueur de corps et d'esprit c'est l'amour de la vertu la crainte des dieux le bon naturel pour nos proches l'attachement à nos amis la fidélité pour tout le monde la modération dans la prospérité la fermeté dans les malheurs le courage pour dire la vérité l'horreur de la flatterie

14. Socrate ne se flattoit pas que sa doctrine seroit goûtée des Athéniens pendant que la guerre du Péloponèse agitoit les esprits et portoit la licence à son comble mais il présumoit que leurs enfants plus dociles la transmettroient à la génération suivante

15. Tous les vers que tu nous récites
Sont à la vérité les miens
Mais quand si mal tu les débites
On diroit que ce sont les tiens

16. On vit donc un simple particulier sans naissance sans crédit sans aucune vue d'intérêt sans aucun desir de la gloire se charger du soin pénible et dangereux d'instruire les hommes et de les conduire à la vertu par la vérité on le vit consacrer sa vie tous les moments de sa vie à ce glorieux ministère l'exercer avec la chaleur et la modération qu'inspire l'amour éclairé du bien public et soutenir autant qu'il lui étoit possible l'empire chancelant des lois et des mœurs

17. En continuant de raser la côte jusqu'au

fond du golfe de Messénie nous vîmes à Mothone un puits dont l'eau naturellement imprégnée de particules de poix a l'odeur et la couleur du baume de Cyzique à Colonides des habitants qui sans avoir ni les mœurs ni la langue des Athéniens prétendent descendre de ce peuple parcequ'auprès d'Athènes est un bourg nommé Colone plus loin un temple d'Apollon aussi célèbre qu'ancien où les malades viennent chercher et croient trouver leur guérison plus loin encore la ville de Coronée récemment construite par ordre d'Épaminondas enfin l'embouchure du Pamisus où nous entrâmes à pleines voiles

18. Voilà sans aller chercher d'autres causes ce qui leur donne l'empire de la mer et qui fait fleurir dans leur port un si utile commerce si la division et la jalousie se mettoient entre eux s'ils commençoient à s'amollir dans les délices et dans l'oisiveté si les premiers de la nation méprisoient le travail et l'économie si les arts cessoient d'être en honneur dans leur ville s'ils manquoient de bonne foi envers les étrangers s'ils altéroient tant soit peu les règles d'un commerce libre s'ils négligeoient leurs manufactures et s'ils cessoient de faire les grandes avances qui sont nécessaires pour rendre leurs marchandises parfaites chacune dans son genre vous verriez bientôt tomber cette puissance que vous admirez

19. S'il voit régner la discorde entre ses camarades il cherche à les réconcilier s'il voit des affligés il s'informe du sujet de leurs peines s'il voit deux hommes se haïr il veut connoître la cause de leur inimitié s'il voit un opprimé gémir des vexations du puissant ou du riche il cherche de quelles manœuvres se couvrent ces vexations et dans l'intérêt qu'il prend à tous les misérables les moyens de finir leurs maux ne sont jamais indifférents pour lui

20. Premièrement ces empires ont pour la plupart une liaison nécessaire avec l'histoire du peuple de Dieu Dieu s'est servi des Assyriens et des Babyloniens pour châtier ce peuple des Perses pour le rétablir d'Alexandre et de ses premiers successeurs pour le protéger d'Antiochus l'illustre et de ses successeurs pour l'exercer des Romains pour soutenir sa liberté contre les rois de Syrie qui ne songeoient qu'à le détruire

21. ÉPIGRAMME EN FORME D'ERRATA.

Si vous lisez dans l'épitaphe
Du magistrat *Fabrice* il fut homme *de bien*
C'est une faute d'orthographe
Passant lisez homme *de rien*
Si vous lisez il aima la justice
A tout le monde *il la rendit*
C'est une faute encor je connoissois Fabrice
Lisez passant *il la vendit*

22. A MADAME DE POMPADOUR, QUI DESSINOIT UNE TÊTE.

Pompadour ton crayon divin
Devoit dessiner ton visage
Jamais une plus belle main
N'auroit fait un plus bel ouvrage

23. ÉPITAPHE D'UN PARESSEUX.

Ci-gît Charlot le paresseux
Lequel à son heure dernière
S'écria que je suis heureux
Je vais n'avoir plus rien à faire

24. On peut avoir trois principaux objets dans l'étude de la vérité l'un de la découvrir quand on la cherche l'autre de la démontrer quand on la possède le dernier de la discerner d'avec le faux quand on l'examine

25. Quelle vanité que la peinture qui attire l'admiration par la ressemblance des choses dont on n'admire pas les originaux

26. L'homme qu'on voyoit dans les premiers temps épargner la vie des bêtes s'est accoutumé à n'épargner plus la vie de ses semblables

27. Nous cherchons notre bonheur hors de nous-mêmes et dans l'opinion des hommes que nous connoissons flatteurs peu sincères sans équité pleins d'envie de caprices et de préventions quelle bizarrerie

28. Les enfants sont hautains dédaigneux colères envieux curieux intéressés paresseux vo-

lages timides intempérants menteurs dissimulés ils rient et pleurent facilement ils ont des joies immodérées et des afflictions amères sur de très petits sujets ils ne veulent point souffrir de mal et aiment à en faire ils sont déjà hommes

29. Tous les objets que je voyois me sembloient les garants de ma prochaine félicité dans les maisons j'imaginois des festins rustiques dans les prés de folâtres jeux le long des eaux les bains des promenades la pêche sur les arbres des fruits délicieux sous leur ombre de voluptueux tête-à-tête sur les montagnes des cuves de lait et de crême une oisiveté charmante la paix la simplicité le plaisir d'aller sans savoir où

30. Il écoute avec une attention obligeante il applaudit avec transport à un trait d'esprit pourvu qu'il soit rapide à une pensée neuve pourvu qu'elle soit juste à un grand sentiment dès qu'il n'est pas exagéré

31. J'entre dans une nouvelle carrière je n'y marche qu'en tremblant les idées que je vais proposer paroîtront aussi révoltantes que chimériques mais après tout je m'en méfie moi-même et cette disposition d'esprit si je m'égare doit me faire absoudre d'avance d'une erreur involontaire

32. Nous n'avons ni l'ouvrage d'Éphore qui

donnoit à la mora cinq cents hommes ni celui de Callisthène qui lui en donnoit sept cents ni l'endroit de Polybe où il la portoit jusqu'à neuf cents mais nous ne craignons pas d'avancer que leurs calculs n'avoient pour objet que des cas particuliers et que Diodore de Sicile ne s'est pas expliqué avec assez d'exactitude lorsqu'il a dit absolument que chaque mora étoit composée de cinq cents hommes

33. Écarter des emplois publics ceux de ses élèves qui n'avoient pas encore assez d'expérience en rapprocher d'autres qui s'en éloignoient par indifférence ou par modestie les réunir quand ils étoient divisés rétablir le calme dans leurs familles et l'ordre dans leurs affaires les rendre plus religieux plus justes plus tempérants tels étoient les effets de cette persuasion douce qu'il faisoit couler dans les ames tels étoient les plaisirs qui transportoient la sienne

34. De là ces haines et ces guerres nationales qui ont divisé pendant si long-temps la Thessalie la Béotie l'Arcadie et l'Argolide elles n'affligèrent jamais l'Attique ni la Laconie l'Attique parceque ses habitants vivent sous les mêmes lois comme citoyens de la même ville la Laconie parceque les siens furent toujours retenus dans la dépendance par la vigilance active des magistrats de Sparte et la valeur connue des Spartiates

35. Antisthène cherchoit à corriger les passions Diogène voulut les détruire le sage pour être heureux devoit selon lui se rendre indépendant de la fortune des hommes et de luimême de la fortune en bravant ses faveurs et ses caprices des hommes en secouant les préjugés les usages et jusqu'aux lois quand elles n'étoient pas conformes à ses lumières de luimême en travaillant à endurcir son corps contre les rigueurs des saisons et son ame contre l'attrait des plaisirs

36. D'après cette légère esquisse on doit juger de l'extrême surprise qu'éprouveroit un amateur des arts qui attiré à Lacédémone par la haute réputation de ses habitants n'y trouveroit au lieu d'une ville magnifique que quelques pauvres hameaux au lieu de belles maisons que des chaumières obscures au lieu de guerriers impétueux et turbulents que des hommes tranquilles et couverts pour l'ordinaire d'une cape grossière mais combien augmenteroit sa surprise lorsque Sparte mieux connue offriroit à son admiration un des plus grands hommes du monde un des plus beaux ouvrages de l'homme Lycurgue et son institution

37. POUR UN BUSTE DU MARÉCHAL DE SAXE.

Rome eut dans Fabius un guerrier politique
Dans Annibal Carthage eut un chef héroïque
La France plus heureuse a dans ce fier Saxon
La tête du premier et le bras du second

38. Je conçois dans l'espèce humaine deux sortes d'inégalités l'une que j'appelle naturelle ou physique parcequ'elle est établie par la nature et qui consiste dans la différence des âges de la santé des forces du corps et des qualités de l'esprit ou de l'ame l'autre qu'on peut appeler inégalité morale ou politique parcequ'elle dépend d'une sorte de convention et qu'elle est établie ou du moins autorisée par le consentement des hommes

39. Ce qui fait voir que les hommes connoissent mieux leurs fautes qu'on ne pense c'est qu'ils n'ont jamais tort quand on les entend parler de leur conduite le même amour-propre qui les aveugle d'ordinaire les éclaire alors et leur donne des vues si justes qu'il leur fait supprimer ou déguiser les moindres choses qui peuvent être condamnées

40. Le léopard prétendoit avoir de grands avantages sur le renard remarque bien lui disoit-il la beauté de ma peau vois comme elle est luisante tachetée et mouchetée ami penses-tu que de la tienne à la mienne il puisse y avoir l'ombre de comparaison j'en vois si peu repartit le renard que je t'avouerai franchement que je me croirois fort au-dessous de toi si je ne savois pas que les connoisseurs font un peu plus de cas de l'esprit que de la peau

41. L'avarice produit souvent des effets con-

traires il y a un nombre infini de gens qui sacrifient tout leur bien à des espérances douteuses et éloignées d'autres méprisent de grands avantages à venir pour de petits intérêts présents

42. Il y en a qui traitent d'opiniâtres tous ceux qui ne sont pas de leur sentiment et qui se mettant en possession de la vérité ne croient pas qu'on puisse leur rien contester sans opiniâtreté mais cette idée est très fausse il n'y a pas proprement de l'opiniâtreté à n'être pas du sentiment d'un autre

Si l'on a raison de n'en être pas on est louable de ne pas s'y rendre et si l'on se trompe c'est une erreur de l'esprit mais c'est toujours un effet de sincérité que d'avouer de bonne foi que l'on n'est pas persuadé de ce sentiment

Qu'est-ce donc que d'être opiniâtre c'est d'être attaché à son sentiment vrai ou faux en sorte qu'on ne s'imagine pas pouvoir avoir tort et que l'on ne daigne pas examiner les raisons de ceux qui sont persuadés que nous sommes dans l'erreur c'est se blesser d'être contredit et s'imaginer qu'en combattant notre opinion on combat la raison même

43. Ainsi souvent mes frères le peuple l'adore (*Dieu*) et vous l'outragez le peuple l'apaise et vous l'irritez le peuple l'invoque et vous l'oubliez le peuple le sert avec un bon zèle et vous méprisez ses serviteurs le peuple lève sans cesse

les mains vers lui et vous doutez même s'il existe vous qui ressentez les effets de sa libéralité et de sa puissance ses châtiments lui forment des adorateurs et ses bienfaits ne lui valent que des dérisions et des outrages

44. Tout s'empoisonne entre les mains de cette furieuse passion (*la jalousie*) la piété la plus avérée n'est plus qu'une hypocrisie mieux conduite la valeur la plus éclatante une pure ostentation ou un bonheur qui tient lieu de mérite la réputation la mieux établie une erreur publique où il entre plus de prévention que de vérité les talents les plus utiles à l'état une ambition démesurée qui ne cache qu'un grand fonds de médiocrité et d'insuffisance le zèle pour la patrie un art de se faire valoir et de se rendre nécessaire les succès même les plus glorieux un assemblage de circonstances heureuses qu'on doit à la bizarrerie du hasard plus qu'à la sagesse des mesures la naissance la plus illustre un grand nom sur lequel on est enté et qu'on ne tient pas de ses ancêtres

45. Il décrira en tout ou en partie ce qui existe et ce qui s'opère dans les cieux dans l'intérieur et sur la surface de notre globe dans les cieux les météores les distances et les révolutions des planètes la nature des astres et des sphères auxquelles ils sont attachés dans le sein de la terre les fossiles les minéraux les secousses violentes

qui bouleversent le globe sur la surface les mers les fleuves les plantes les animaux

46. Je ne vous fais pas de compliment sur la prise de Philisbourg vous aviez une bonne armée une excellente artillerie et Vauban je ne vous en fais pas non plus sur les preuves que vous avez données de bravoure et d'intrépidité ce sont des vertus héréditaires dans votre maison mais je me réjouis avec vous de ce que vous êtes libéral généreux humain faisant valoir les services d'autrui et oubliant les vôtres c'est sur quoi je vous fais mon compliment

47. Je ne pourrois en quatre pages d'écriture répondre aux quatre lignes que je reçois de vous monsieur je n'ai jamais rien vu de si joli de si galant comment faites-vous pour rendre si agréable un compliment si commun si trivial si répété expliquez-le-moi je vous en prie désespérée de ces lettres de bonne année il me prend envie de souhaiter toutes sortes de guignons à ceux à qui j'écris afin de varier un peu la phrase je n'ai pas la force de commencer par vous ainsi monsieur apprenez que je vous souhaite de bonnes années sans nombre tous les bonheurs que vous méritez et que je suis avec un attachement très parfait etc

48. Pourquoi faut-il qu'ayant trouvé tant de bonnes gens dans ma jeunesse j'en trouve si peu dans un âge avancé leur race est-elle épuisée

non mais l'ordre de gens où j'ai besoin de les chercher aujourd'hui n'est plus le même où je les trouvois alors parmi le peuple où les grandes passions ne parlent que par intervalles les sentiments de la nature se font plus souvent entendre dans les états plus élevés ils sont étouffés absolument et sous le masque du sentiment il n'y a jamais que l'intérêt ou la vanité qui parle

49. Combien de réputations innocentes sauva-t-elle des mauvais bruits qu'alloit semer la haine d'un ennemi ou la jalousie d'un concurrent combien de fois par un triste silence ou par un sévère regard étouffa-t-elle dans sa naissance une calomnie qui auroit causé des divisions éternelles combien de fois arrêta-t-elle par autorité le coup mortel qu'une langue cruelle alloit porter à l'honneur ou à la fortune d'une famille

50. Je voudrois qu'on choisît tellement les sociétés d'un jeune homme qu'il pensât bien de ceux qui vivent avec lui et qu'on lui apprît à si bien connoître le monde qu'il pensât mal de tout ce qui s'y fait qu'il sache que l'homme est naturellement bon qu'il le sente qu'il juge de son prochain par lui-même mais qu'il voie comment la société déprave et pervertit les hommes qu'il trouve dans leurs préjugés la source de tous leurs vices qu'il soit porté à estimer chaque individu mais qu'il méprise la multitude qu'il voie que tous les hommes portent à peu près le même

masque mais qu'il sache aussi qu'il y a des visages plus beaux que le masque qui les couvre

51. Non la philosophie ne sauroit se concilier avec la tragédie l'une détruit continuellement l'ouvrage de l'autre la première crie d'un ton sévère au malheureux oppose un front serein à la tempête reste debout et tranquille au milieu des ruines qui te frappent de tous côtés respecte la main qui t'écrase et souffre sans murmurer telle est la loi de la sagesse la tragédie d'une voix plus touchante et plus persuasive lui crie à son tour mendiez des consolations déchirez vos vêtements roulez-vous dans la poussière pleurez et laissez éclater votre douleur telle est la loi de la nature

52. Un autre jour on traitoit d'infame ce citoyen d'Athènes qui donna son suffrage contre Aristide parcequ'il étoit ennuyé de l'entendre sans cesse appeler le juste je sens répondit Protésilas que dans un moment d'humeur j'eusse fait la même chose que cet Athénien mais auparavant j'aurois dit à l'assemblée générale Aristide est juste je le suis autant que lui d'autres le sont autant que moi quel droit avez-vous de lui accorder exclusivement un titre qui est la plus noble des récompenses vous vous ruinez en éloges et ces brillantes dissipations ne servent qu'à corrompre les vertus éclatantes qu'à décourager les vertus obscures j'estime Aristide et je le con-

damne non que je le croie coupable mais parcequ'à force de m'humilier vous m'avez forcé d'être injuste

53. Les victoires que les Grecs venoient de remporter sur les Perses les avoient convaincus de nouveau que rien n'exalte plus les ames que les témoignages éclatants de l'estime publique Pindare profitant de la circonstance accumulant les expressions les plus énergiques les figures les plus brillantes sembloit emprunter la voix du tonnerre pour dire aux états de la Grèce ne laissez pas éteindre le feu divin qui embrase nos cœurs excitez toutes les espèces d'émulation honorez tous les genres de mérite n'attendez que des actes de courage et de grandeur de celui qui ne vit que pour la gloire aux Grecs assemblés dans les champs d'Olympie il disoit les voilà ces athlètes qui pour obtenir en votre présence quelques feuilles d'olivier se sont soumis à de si rudes travaux que ne ferez-vous donc pas quand il s'agira de venger votre patrie

54. Cette époque de la ruine de Troie arrivée environ l'an 308 après la sortie d'Égypte et 1164 ans après le déluge est considérable tant à cause de l'importance d'un si grand événement célébré par les deux plus grands poètes de la Grèce et de l'Italie qu'à cause qu'on peut rapporter à cette date ce qu'il y a de plus remarquable dans les temps appelés fabuleux ou hé-

roïques fabuleux à cause des fables dont les histoires de ces temps sont enveloppées héroïques à cause de ceux que les poètes ont appelés les enfants des dieux et les héros leur vie n'est pas éloignée de cette prise car du temps de Laomédon père de Priam paroissent tous les héros de la toison d'or Jason Hercule Orphée Castor et Pollux et les autres qui vous sont connus et du temps de Priam même durant le dernier siége de Troie on voit les Achille les Agamemnon les Ménélas les Ulysse Hector Sarpédon fils de Jupiter Enée fils de Vénus que les Romains reconnoissent pour leur fondateur et tant d'autres dont des familles illustres et des nations entières ont fait gloire de descendre

55. Ce fut alors que commencèrent les persécutions du peuple de Dieu Antiochus l'illustre régnoit comme un furieux il tourna toute sa fureur contre les Juifs et entreprit de ruiner le temple la loi de Moïse et toute la nation l'autorité des Romains l'empêcha de se rendre maître de l'Égypte ils faisoient la guerre à Persée qui plus prompt à entreprendre qu'à exécuter perdoit ses alliés par son avarice et ses armées par sa lâcheté vaincu par le consul Paul Émile il fut contraint de se livrer entre ses mains Gentius roi de l'Illyrie son allié abattu en trente jours par le préteur Anicius venoit d'avoir un sort semblable le royaume de Macédoine qui avoit

duré 700 ans et avoit près de 200 ans donné des maîtres non seulement à la Grèce mais encore à tout l'Orient ne fut plus qu'une province romaine les fureurs d'Antiochus s'augmentoient contre le peuple de Dieu on voit paroître alors la résistance de Mathatias sacrificateur de la race de Phinées et imitateur de son zèle les ordres qu'il donne en mourant pour le salut de son peuple les victoires de Judas le Machabée son fils malgré le nombre infini de ses ennemis l'élévation de la famille des Asmonéens ou des Machabées la nouvelle dédicace du temple que les Gentils avoient profané le pontificat de Judas et la gloire du sacerdoce rétablie la mort d'Antiochus digne de son impiété et de son orgueil sa fausse conversion durant sa dernière maladie et l'implacable colère de Dieu contre ce roi superbe son fils Antiochus Eupator encore en bas âge lui succéda sous la tutèle de Lysias son gouverneur durant cette minorité Démétrius Soter qui étoit en otage à Rome crut se pouvoir rétablir mais il ne put obtenir du sénat d'être renvoyé dans son royaume la politique romaine aimoit mieux un roi enfant .

56. Quoique tout soit également parfait en soi puisque tout est sorti des mains du créateur il est cependant relativement à nous des êtres accomplis et d'autres qui semblent être imparfaits ou difformes les premiers sont ceux dont

la figure nous paroît agréable et complète parceque toutes les parties sont bien ensemble que le corps et les membres sont proportionnés les mouvements assortis toutes les fonctions faciles et naturelles les autres qui nous paroissent hideux sont ceux dont les qualités nous sont nuisibles ceux dont la nature s'éloigne de la nature commune et dont la forme est trop différente des formes ordinaires desquelles nous avons reçu les premières sensations et tiré les idées qui nous servent de modèles pour juger une tête humaine sur un cou de cheval le corps couvert de plumes et terminé par une queue de poisson n'offrent un tableau d'une énorme difformité que parcequ'on y réunit ce que la nature a de plus éloigné un animal qui comme la chauve-souris est à demi quadrupède à demi volatile et qui n'est en tout ni l'un ni l'autre est pour ainsi dire un être monstre en ce que réunissant les attributs de deux genres si différents il ne ressemble à aucun des modèles que nous offrent les grandes classes de la nature il n'est qu'imparfaitement quadrupède et il est encore plus imparfaitement oiseau un quadrupède doit avoir quatre pieds un oiseau a des plumes et des ailes dans la chauve-souris les pieds de devant ne sont ni des pieds ni des ailes quoiqu'elle s'en serve pour voler et qu'elle puisse aussi s'en servir pour se traîner ce sont en effet des extrémités difformes dont les os sont monstrueusement alongés et réunis par une membrane qui n'est couverte ni de plumes ni même de poil comme le reste du corps ce sont des espèces d'ailerons ou si l'on veut des pattes ailées où l'on ne voit que l'ongle d'un pouce court et dont les quatre autres doigts très longs ne peuvent agir qu'ensemble et n'ont point de mouvements propres ni de fonctions séparées ce sont des espèces de mains dix fois plus grandes que les pieds et en tout quatre fois plus longues que le corps entier de l'animal ce sont en un mot des parties qui ont plutôt l'air d'un caprice que d'une production régulière

57. LE VRAI PHILOSOPHE.

Non la philosophie est sobre en ses discours
Et croit que les meilleurs sont toujours les plus courts
Que de la vérité l'on atteint l'excellence
Par la réflexion et le profond silence
Le but d'un philosophe est de si bien agir
Que de ses actions il n'ait point à rougir
Il ne tend qu'à pouvoir se maîtriser soi-même
C'est là qu'il met sa gloire et son bonheur suprême
Sans vouloir imposer par ses opinions
Il ne parle jamais que par ses actions
Loin qu'en systèmes vains son esprit s'alambique
Être vrai juste bon c'est son système unique
Humble dans le bonheur, grand dans l'adversité
Dans la seule vertu trouvant la volupté

Faisant d'un doux loisir ses plus chères delices
Plaignant les vicieux et détestant les vices
Voilà le philosophe et s'il n'est ainsi fait
Il usurpe un beau titre et n'en a pas l'effet

58. L'AMOUR-PROPRE ET LA MODESTIE.

Dans les temps reculés de la mythologie
Au beau milieu de la céleste cour
On vit naître le même jour
L'amour-propre et la modestie
Ce couple dit Jupin nous vient fort à propos
La modestie avec les sots
Ira toujours de compagnie
L'amour propre au contraire ira chez le génie
Et le consolera de ses nombreux travaux
Mais le destin à barbe grise
En décida bien autrement
Ah vous le devinez sans que je vous le dise
La modestie épousa le talent
Et l'amour-propre épousa la sottise

L'avis de Jupiter étoit plus consolant

59. LA DOULEUR ET L'ENNUI.

Mourant de faim un pauvre se plaignoit
Rassasié de tout un riche s'ennuyoit
Qui des deux souffroit davantage
Ecoutez sur ce point la maxime du sage
De la douleur et de l'ennui
Connoissez bien la différence
L'ennui ne laisse plus de desirs après lui
Mais la douleur près d'elle a toujours l'espérance

60. LE ROSSIGNOL ET LE PRINCE.

Un jeune prince avec son gouverneur
Se promenoit dans un bocage
Et s'ennuyoit suivant l'usage
C'est le profit de la grandeur
Un rossignol chantoit sous le feuillage
Le prince l'aperçoit et le trouve charmant
Et comme il étoit prince il veut dans le moment
L'attraper et le mettre en cage
Mais pour le prendre il fait du bruit
Et l'oiseau fuit
Pourquoi donc dit alors son altesse en colère
Le plus aimable des oiseaux
Se tient-il dans les bois farouche et solitaire
Tandis que mon palais est rempli de moineaux
C'est lui dit le mentor afin de vous instruire
De ce qu'un jour vous devez éprouver
Les sots savent tous se produire
Le mérite se cache il faut l'aller chercher

61. LE PAON SE PLAIGNANT A JUNON.

Le paon se plaignoit à Junon
Déesse disoit-il ce n'est pas sans raison
Que je me plains que je murmure
Le chant dont vous m'avez fait don
Déplaît à toute la nature
Au lieu qu'un rossignol chétive créature
Forme des sons aussi doux qu'éclatants
Est lui seul l'honneur du printemps
Junon répondit en colère
Oiseau jaloux et qui devrois te taire
Est-ce à toi d'envier la voix du rossignol
Toi que l'on voit porter à l'entour de ton col
Un arc-en ciel nué de cent sortes de soies

Qui te panades qui déploies
Une si riche queue et qui semble à nos yeux
La boutique d'un lapidaire
Est-il quelque oiseau sous les cieux
Plus que toi capable de plaire
Tout animal n'a pas toutes propriétés
Nous vous avons donné diverses qualités
Les uns ont la grandeur et la force en partage
Le faucon est léger l'aigle plein de courage
Le corbeau sert pour le présage
La corneille avertit des malheurs à venir
Tous sont contents de leur ramage
Cesse donc de te plaindre ou bien pour te punir
Je t'ôterai ton plumage

FIN.

DE L'IMPRIMERIE DE P.-N. ROUGERON,
rue de l'Hirondelle, N.° 22.

www.ingramcontent.com/pod-product-compliance
Lightning Source LLC
Chambersburg PA
CBHW070758290326
41931CB00011BA/2063
9782013576161